Robert Forrer, Gustav Adolf

Mu

ller

Kreuz und Kreuzigung Christi in ihrer Kunstentwicklung

Robert Forrer, Gustav Adolf
Mu
̈
ller

Kreuz und Kreuzigung Christi in ihrer Kunstentwicklung

ISBN/EAN: 9783743420724

Hergestellt in Europa, USA, Kanada, Australien, Japan

Cover: Foto ©Thomas Meinert / pixelio.de

Manufactured and distributed by brebook publishing software
(www.brebook.com)

Robert Forrer, Gustav Adolf

Mu

ller

Kreuz und Kreuzigung Christi in ihrer Kunstentwicklung

Kreuz und Kreuzigung Christi

in ihrer

Kunstentwicklung.

Von

Robert Forrer und Gustav A. Müller.

Mit 12 Tafeln, 83 Abbildungen

in Phototypie, Lithographie und Zinkographie.

1894.

STRASSBURG i/E. und BÜHL (Baden).

Druck und Verlag für den Buchhandel: Aktiengesellschaft Konkordia in Bühl (Baden).

Phototypieen von J. Krämer in Kehl.
Lithographieen von H. Fretz in Zürich.

Vorwort.

Keine Statistik der Kreuzigungs-Darstellungen, keine historische Studie über das Wesen der Kreuzigung und keine dogmengeschichtliche Untersuchung über die Bedeutung der Kreuzigung Christi ist unser Zweck — was wir in der vorliegenden Arbeit anstreben, ist *die übersichtliche Darstellung und Klarlegung, wie die Kunst von Anbeginn der christlichen Ära durch die byzantinische, karolingische, romanische und gotische Periode die Kreuzigung und den Gekreuzigten bildlich zum Ausdruck brachte.* Es soll eine *Geschichte der typischen Darstellungen des Kreuzes und der Kreuzigung Christi sein, welche die für die einzelnen Jahrhunderte und Epochen charakteristischen Merkmale in Wort und Bild vorführt* — derart also für dies Kapitel ein Nachschlagewerk bildend, das ebenso dem Archäologen und Theologen wie dem Künstler und Kunstsammler Material und Anregung bieten soll. — Wir gehen aus von den spärlichen Monumenten der Katakomben, ziehen die Mosaiken und andere Funde, insbesondere auch die so hochinteressanten und wertvollen neueren Funde aus der Nekropole von *Achmim-Panopolis* als wichtige Beiträge herbei und gehen dann zu den longobardischen und karolingischen Denkmälern über. Diesen lassen wir die typischen Kreuzigungsdarstellungen der romanischen und gotischen Epoche folgen und werfen von Letzterer aus noch einen Blick auf die folgenden Jahrhunderte. — Eine »Geschichte des Kreuzes« geben wir nur insoweit, als letzteres in seiner engeren Beziehung zur *Kreuzigung* Christi steht. Das Kreuz in seiner Ausgestaltung als blosses Ornament bleibt also ausserhalb des uns gesteckten Rahmens, und mögen also nach dieser Richtung, ebenso wie für manche andere, insbesonders dogmatische Fragen *Stockbauer, Zöckler, Fulda, Zestermann* etc. nach wie vor konsultiert werden. Vielleicht aber darf unser Buch den Anspruch machen, ein *Handbuch zu sein und ein Quellenmaterial zu bilden,* das *Einzelheiten weniger betont, um das rein Typische desto schärfer hervortreten zu lassen.* Und dies ist, wie wir wünschen möchten, kein Mangel unserer Arbeit.

Strassburg i. Els.

Rob. Forrer.   **Dr. G. A. Müller.**

Inhalt des Textes.

Inhalt der Abbildungen.

Kreuz und Kreuzigung in den evangelischen Schriften.

Es darf uns nicht verwundern, dass uns die evangelischen Schriften keinerlei ausführliche Beschreibung des Kreuzes und der Kreuzigung des Erlösers geben. Einmal war es nicht ihre Aufgabe, die äussere Gewandung der Thatsachen zu illustrieren, sondern deren Heilsbedeutung klarzulegen, sodann wendeten sie sich an ein zeitgenössisches Publikum, dem die Vollzugsweise der Hinrichtung am Kreuze bekannt sein musste. „Da führten sie ihn hinaus und kreuzigten ihn" — so berichten sie kurz. Erwähnt werden das Kreuz und die Kreuzigung allerdings viel, wie dies in der Natur der Sache begründet liegt. Der vierte Evangelist *Johannes*, der Liebling des Gekreuzigten und demgemass psychisch wie kein anderer interessierte Jünger, überliefert uns zwar ziemlich viele Details aus den Vorgängen bei der Kreuzigung, jedoch über das Kreuz und die eigentliche Kreuzigung erfahren wir nichts. Er wie alle anderen apostolischen Autoren lassen sogar durch eine gewisse Lückenhaftigkeit die Streitfrage, ob bei Christus, der römischen Praxis zuwider, nicht nur die Hände, sondern auch die *Füsse* angenagelt worden seien, ohne jede der landläufigen Anschauung günstige Beleuchtung. Nur eine Thatsache entnehmen wir dem Berichte des *Matthäus* (XVII, 37): der Titulus mit der Angabe des „Verbrechens" wurde *über* dem Haupte Christi befestigt. Es war also das Kreuz Jesu eine crux immissa, d. h. ein Kreuz, in dem sich beide Balken schneiden und der Stamm über den Querbalken hinausragt.   M.

Die Kreuzigung Christi in der historischen Bezeugung und im kirchlichen Mythus.

Die christliche Kunst stellt, der populären Auffassung folgend, von Alters her, wenn auch nicht von Anfang an, die Annagelung an Händen und Füssen als Form der Kreuzigung dar — im Widerspruch mit den zwar dürftigen, aber bestimmt lautenden Notizen der alten Schriftsteller, soweit diese über die römische Exekution der Kreuzigung berichten. Aber, wie ich nachstehend darthun will, nicht nur die römische Geschichte widerstreitet der vulgären Vorstellung — diese verliess vielmehr sogar den einstigen durchaus richtigen Standpunkt der evangelistischen Bezeugung und der ältesten Tradition innerhalb der Kirche. Justinus erst und Tertullianus haben die Ansicht verteidigt, die Worte des alttestamentlichen Psalmisten „Sie haben meine Hände und Füsse durchbohrt" seien bei Christo unter allen Umständen in buchstäbliche Erfüllung gegangen. Allein dieser fromme Glaube hat die besonnensten und schwerwiegendsten Gründe gegen sich, wie denn *Bunsen* — der allerdings wie Dr. *Paulus* auch hier der Scheintodhypothese vorarbeiten will — in seinem bekannten Bibelwerk nicht ohne Recht jenen Vatern willkürliche Anwendung prophetischer Stellen zum Vorwurfe macht.

Die archäologische Kritik bestreitet zunächst, das Durchbohren der Füsse, als eine durchweg übliche Straf-Praxis, sei historisch bezeugt.

Denn wenn man sich auf einen Passus in des Plautus „Mostellaria" (II. 1, 13) mit Nachdruck stützen zu dürfen vermeinte, so musste man bedenken, dass das dort gebrauchte Wort „anheften" neutral ist und noch lange nicht für das Durchbohren der Füsse Zeugnis ablegt. Dagegen muss nach dieser Stelle zugegeben werden, dass die Füsse nicht etwa frei am Kreuzespfahl herunterhingen, sondern an demselben auf irgend eine Weise befestigt waren. Und diese Art der Befestigung ist unzweideutig bezeugt: aber keineswegs als Durchbohrung.

Die archäologische Kritik behauptet ferner, die traditionelle Meinung widerspreche den Darstellungen in den — evangelischen Schriften.

Man mag sich in dem nunmehr kaum übersehbaren Streit der Theologen über das zeitliche und kausale Verhältnis der einzelnen Evangelien zu einander, über Echtheit und psychologische Entstehung, auf eine beliebige Seite stellen, dem Eindruck wird man nur der Mehrzahl aller Kritiker nicht entgehen können, dass die geschichtlichen Kapitel des den Namen des Johannes tragenden Evangeliums das ungetrübte Zutrauen erwecken, Erzählungen eines sehr aufmerksamen Augenzeugen zu sein. Aber gerade dieser hochangesehene Evangelist weiss nur von den Malen der Hände und von der Stichwunde in der Seite: über Wundmale an den Füssen schweigt er und schweigen die anderen; denn auch Lukas, dessen Auktorität man anruft, legt, wie wir noch sehen werden, für die Male der Füsse eine ganz andere Ursache nahe, als eine Durchbohrung.

Also auch hier, in einer so eminent wertgeschätzten Quelle, kein Moment für die Verteidiger der herkömmlichen Anschauung. Ist des Johannes Schweigen nun auch kein strikter Beweis für die archaeologische These, dass bei Christo die römische Kreuzigung eine Durchbohrung der Füsse einfach nicht zuliess, so birgt es doch auch nicht den geringsten Widerspruch gegen dieselbe, es wird vielmehr, wenn andere günstige Umstände hinzutreten, dieselbe nur zu unterstützen imstande sein.

Und ein solch günstiger Umstand ergiebt sich alsbald aus den alten Zeugnissen, die wir in so dankenswerter Anordnung in der Holder'schen Festschrift[1]) finden. Denn diese testimonia, die zugleich die älteste und unverfälschte Tradition wiedergeben, stehen in der Frage über die Durchbohrung der Füsse fast ohne Ausnahme auf dem Boden der uns aus den profanen Autoren zu Gebote stehenden rein historischen Argumente. Wiewohl also an und für sich ein Ereignis (die Kreuzauffindung) behandelnd, das — ich möchte mich vorsichtig ausdrucken — in seinen angeblichen Details in das Gebiet jener Legenden gehört, die sich weder direkt beweisen, noch völlig widerlegen lassen, schliessen diese Nachrichten, denen die Auktorität von Geistern wie Chrysostomus, Ambrosius, Gregorius Nyssanus, Paulinus Nolanus, Theodoretus, Sokrates u. a. zu gute kommt, und denen der Vorzug des Alters keineswegs fehlt, doch einen Kern echter Tradition in sich: und dieser Kern liegt im Festhalten an der Thatsache, dass in der römischen Kreuzigung von einem Durchbohren der Füsse keine Rede war!

Die hier gemeinten Zeugnisse bringen dies dadurch zum Ausdruck, dass sie die glaubenseifrige, opferwillige Kaiserin Helena nur jene zwei Nägel finden lassen, mit denen Jesu Hände befestigt waren; in einigen Notizen wird diese Zahl bestimmt genannt, in anderen kann ob der klaren Redeweise ein Zweifel nicht bestehen, und nur in einer einzigen und zwar späten der von Holder gesammelten Stellen begegnet uns die deutliche Erwähnung von vier Nägeln, während an einer anderen die Wahrscheinlichkeit angenommen werden darf, dass trotz der pluralen Teilung (τὰ μὲν — τὰ δὲ — die einen, die andern) nur zwei Nägel gemeint sind: denn die hier mitgeteilte Verwendung derselben ist die gleiche wie dort, wo uns die Zweizahl verbürgt wird. Es dürfte angemessen sein, die massgebenden Sätze, sei es wörtlich, sei es getreu nach ihrem Inhalt, zu zitieren.

Keinen Zweifel lassen über die Zahl der Nägel folgende *testimonia* übrig: 1) S. Ambrosius, *de obitu Theodosii* (a. 395). „Sie suchte die Nägel, mit denen der Herr gekreuzigt war, und fand sie (also alle): von dem einen Nägel liess sie ein Zaum-Gebiss bilden, mit dem andern zierte sie das Diadem. Ausführliche Erwähnung nur zweier Nägel in so früher Zeit und in so vollgültigem Munde! 2) S. Cyrillus Alexandrinus in *Zachar. comm. 94*. „Gefunden wurde das Holz des Kreuzes, woran noch die Nägel befestigt waren. Von diesen nahm sie einen etc." Folgt die Notiz des Ambrosius, so dass über die Zahl vollständige Klarheit herrscht. 3) Das evidenteste Zeugnis für die älteste Tradition giebt *Sokratis hist. eccl. I, c. 17*: „und sie fand die Nägel, welche in den Händen (!) Christi am Kreuze festgeschlagen waren." Mit Applomb wird hier gesagt, dass es die Handnägel waren, welche Helena gefunden habe. 4) Auch Sozomenus, *hist. eccl. II, 1*. giebt die Zweizahl unschwer zu erkennen, indem die Verwendung der gefundenen Nägel zu den zwei von Ambrosius mitgeteilten Arbeiten konstatiert wird. Die Annahme zweier Nägel wird auch 5) bei Theodoretus, *hist. eccl. 1, 17*, trotz der Sprachform nahe gelegt, weil die Angaben über das Schicksal der Nägel mit den übrigen vollauf harmonieren. Eine bestimmte Zahlenangabe vermissen wir zwar bei 6) Rufinus Aquileiensis *hist. eccl. lib. X, c. 7—8*, aber da die Angaben der Vorigen wiederholt werden, dürfte ein Schluss auf die gemeinte Zahl kaum irre gehen.

---

[1]) Vergl. damit meinen in No. 9 der Beilage der Allg. Zeitung vom 9. Januar 1890 abgedruckten Aufsatz über die Schrift: „Inventio sanctae crucis. Actorum Cyriaci Pars I latine et Graece, Ymnus antiquus de sancta cruce, Testimonia inventae sanctae crucis collegit et digessit A l f r e d H o l d e r. Lipsiae 1889.

Anders steht die Sache mit den *acta Cyriaci*, die in Holders Buch an erster Stelle sich befinden. Die lateinische Version (*cod. Paris. 2769*) meldet: „und sofort kamen jene Nägel zum Vorschein, die an des Herrn Leib geheftet waren." Hier also, wie auch in der griechischen Lesart (Münch. Cod. 271) ermangeln wir einer bestimmten oder auch nur durchscheinenden Zahlenangabe. Die Notiz verhält sich demnach unsrer Frage gegenüber neutral.

Es ist gewiss auffallend und hoch interessant, dass nur *eine* Stelle, nämlich *S. Gregorii Turonensis liber in gloria martyrum c. 5* von vier Nägeln zu erzählen weiss. Von drei Nägeln — bei deren Annahme sich überhaupt ein Nonsens für die Praxis ergiebt — ist nirgends eine Spur zu entdecken.

Aus all dem Gesagten dürfen wir die Thatsache abstrahieren und nicht mehr mit Bunsen'scher Schüchternheit, sondern mit dem vollen Ernste archäologischer Beweisführung behaupten: Weder die römische, noch die evangelische Geschichte, noch die älteste christliche Tradition vissen etwas davon, dass die römische Kreuzigung, die auch bei Christo zur Anwendung gelangte, das Durchbohren der Füsse zuliess. Zweitens: Die gleichen Quellen, unter sich in bestem Einklang, wollen in keiner Weise den Schein erwecken, als wäre bei Christi Hinrichtung eine Ausnahme gemacht worden. Wir haben vielmehr erkannt, dass diese „Ausnahme" erst von dem späteren Bestreben erdichtet worden sei, um jeden Preis das berühmte Vaticinium des Psalmisten voll und ganz wahr zu machen: „Siehe, meine Hände und meine Füsse haben sie durchbohrt!" Die geschichtliche Bezeugung konstatiert also, dass Christus, gemäss der römischen Sitte, zwar an den Händen, nicht aber an den Füssen durchbohrt war.

Was geschah aber mit Letzteren? Dass sie nicht frei hingen, ist selbstverständlich und ausserdem durch Plautus bezeugt. Nun werden in einigen Quellen ausdrücklich Seile zum Festbinden erwähnt. In Lucans *„Pharsalia"* lesen wir Buch VI, Vers 541 ff.: *laqueum nodosque nocentes ore suo rumpit; pendentia corpora carpsit abrasitque cruces.* Einen weiteren Beleg liefert Plinius, *hist. nat. 28. 11*. Es wird gewiss die richtigste Auslegung sein, auch vom praktischen Gesichtspunkt aus, dass diese Seile zur Befestigung der Füsse (und des Leibes) gedient haben: dabei braucht nicht ausgeschlossen zu sein, dass sie etwa auch bei den Händen zuweilen, anstatt der Nägel oder zugleich mit diesen, im Gebrauche waren; *dies scheint sogar meistens in Übung gewesen zu sein!* Bei Christo allerdings ist uns der Gebrauch von Nägeln für die Hände durchaus glaubwürdig überliefert.

Man hat zwar bei Lukas (24. 39) in der Erwähnung von „Malen der Fusse" einen Beweis für die „Durchbohrung" erblicken zu sollen geglaubt, aber ohne irgendwelche Berechtigung. Es liegt ja auf der Hand, dass sich infolge der straffen Spannung der Seile sehr merkliche Spuren einer Verwundung erkennen liessen; allein so ohne weiteres von einer „Durchbohrung" durch Nägel zu sprechen, für die doch keine einzige Stelle spricht, verbietet sogar der bezügliche Wortlaut von selbst; diesem kömmt es nämlich nur darauf an, den Jüngern, die ein Gespenst zu sehen wähnen, darzuthun, dass der Erschienene wirklich derjenige sei, der am Kreuze gehangen; eine nähere Bezeichnung der Art der Verwundung war dazu weder nötig, noch auch beabsichtigt. Johannes allerdings druckt sich bestimmter aus. Ihm, dem wie gesagt psychisch wie kein anderer interessierten Junger, haftete die leibliche Gestalt des Meisters in seiner bittern Todesstunde gewiss treu im Gedachtnis.

So bekannte ich meinen Standpunkt in der Archäologie des Kreuzes im Jahre 1890 [1]) Ich vermag auch heute noch nicht, denselben zu ändern, so wenig ich die Pietät gegen die landläufige Auffassung verletzen möchte oder die Bedeutung der von *J. Stockbauer* in seiner trefflichen „Kunstgeschichte des Kreuzes" vorgeführten Argumente verkenne. *Die christliche Kunst ist sich in vielen Fällen der richtigen Tradition bewusst geblieben.* Und das ist uns ein wichtiges Zeugnis. Gewiss darf die religiöse Kunst nicht an ein archäologisches Gesetz gefesselt werden: sie mag sich ruhig eher an die prophetischen Weissagungen von der Durchbohrung der Hände *und* Fusse halten als an die geschichtliche Thatsache, die da lautet: Die gesamte historische Bezeugung kennt bei der römischen Kreuzigung weder drei noch vier Nägel; sie lässt neben der Anbindung die Annagelung der Hände zu, behauptet dagegen — bis Gegenbeweise vorliegen — in der Kriminalpraxis die Anheftung der Füsse durch Seile. **Diese Bezeugung steht mit dem Evangelium in keinerlei Widerspruch.**

---

[1]) Beilage d. Allg. Ztg. vom 9. Januar 1890.

Bunsen sagt mit Recht: „Die ganze Annahme ist kein evangelischer, sondern ein kirchlicher Mythus," dem — so fügen wir bei — das Ansehen des Justinus und Tertullianus trotz der sehr lebhaft in der Kirchenhistorie diskutierten echten Tradition weitreichende und nachhaltende *Anerkennung* verschafft hat.

M.

Das Kreuz in den Katakomben.

Die neueren Resultate der christlichen Archäologie widersprechen der früher gewohnten Anschauung, wonach man das *Kreuz* und das damit immerhin in engem Zusammenhange stehende *Monogramm Christi* für das älteste und häufigste der christlichen Symbole halten zu müssen vermeinte. Wohl bezeugt uns *Tertullian*,[1]) dass die Christen Kreuzesverehrer („crucis religiosi") waren, und *Clemens* von Alexandrien[2]) bestätigt, dass ihnen das Kreuz als „τὸ κυριακὸν σημεῖον," als signum Christi galt; auch ist die Sitte, sich mit dem Kreuzeszeichen zu segnen, eine urkatholische, eine durchaus urchristliche. Indessen hat die altchristliche Kunst, der Arcandisziplin und dem Schicksal der Kirche nachgebend, in den Tagen der blutigen Verfolgungen und des gleichzeitigen geistigen Spottes das hochverehrte Siegeszeichen des jungen Glaubens fast niemals unverhüllt abgebildet. Nach *F. X. Kraus*[3]) fand sich „in dem ältesten Teile des untersten Piano in S. Lucina ein Loculus mit der Inschrift

ΡΟΓΦΙΝΑ
+ΕΙΡΗΝΗ

und einem einfachen griechischen Kreuz bei dem zweiten Worte. (Die Inschrift lautet also: Rufina (ruhe im) Frieden (Christi). Diese Darstellung fällt in das Ende des II. Jahrhunderts und ist das einzige *vor* Konstantin auftretende Beispiel einer offenen Abbildung des Kreuzes. Klar und unverhüllt zeigt es sich dann in Afrika, — Karthago —, „auf römischen Epitaphien *innerhalb* des Textes vielleicht seit 375, sicher seit 407, zu Anfang der ersten Zeile von Grabschriften erst im fünften Jahrhundert."

Bis zum fünften Jahrhundert verbirgt sich das Kreuz unter der Form des griechischen Buchstabens Tau T, den man entweder *zwischen* einen Namen, in dem er sonst nicht vorkam, in erhöhter Grösse anbrachte oder in einem *Monogramm*, in dem er sachgemäss *an seinem Platze war*, grösser als die übrigen Buchstaben zeichnete, um so seine symbolische Bedeutung offensichtlich zu machen. Für beide Arten nennen wir hier je ein Beispiel:

De Rossi machte uns mit einer Inschrift bekannt, die anno 1863 in *S. Callisto*, und zwar in einem dem dritten Jahrhundert angehörigen Piano, gefunden wurde.[4]) Sie lautet: IRE T NE. Das T steht in einiger Entfernung von dem E einerseits und dem N anderseits und beweist hiedurch wie durch seine hervorstechende Grösse seine besondere Bedeutung. — In der Krypta der hl. Lucina fand man einen Sarkophag[5]) mit einer Skulptur „*Odysseus und die Sirenen*," einer Darstellung, die gleichfalls bestimmt symbolisch genommen ward. Hier sieht man in einem Felde der Skulptur beigesetzt das Monogramm *TYRANIO* in der auf Tafel I Fig. 2 dargestellten Weise.

Das Monogramm war die Hülle, in der sich das signum Christi verborgen hielt.

Ausserdem sieht man das *T* auch allein oder in Verbindung mit *P*. Diese letztere Darstellung *leitet künstlerisch bereits hinüber* zu dem eigentlichen Monogramm Christi in der Form ☧, die *de Rossi* in S. Callisto fand[6]) und die nach *Kraus*[7]) nicht das eigentliche Monogramm, sondern wohl CTxP=C ausmacht, demgemass also (σταυρός; = Kreuz) *direkt auf das Kreuz* hindeutet.

Hier ist der Ort, wo wir auch des Kreuzes auf *Goldgläsern* der Katakomben gedenken müssen. Das Alter dieser seltenen und wertvollen altchristlichen Denkmaler bestimmte *Garucci* etwas allgemein,

[1]) Tertull. Apol. c. 16.
[2]) Clem. Alex. Strom. VI, 11.
[3]) F. X. Kraus. Roma sotterranea. Freibg. 1879. S. 258.
[4]) De Rossi, Bullet. 1863, 95.
[5]) F. X. Kraus, Roma sott. S. 259 und 352.
[6]) De Rossi, Roma sott. II. 319, Tav. XXXIX. 28.
[7]) Kraus, a. a. O. S. 262.

indem er sie in die Zeit vor *Theodosius* setzte; genauer begrenzt *de Rossi* die Zeit ihrer Entstehung von der *Mitte des dritten bis zu Anfang des vierten Jahrhunderts*. Das auf ihren Darstellungen vorkommende *Christusmonogramm* gehört in den folgenden Artikel. *Sicherlich spät* ist das hieher gehörige *Goldglas in der vatikanischen Bibliothek*,[1] das in der oberen Abteilung Christus und die Apostel Petrus und Paulus, unten das Lamm Gottes inmitten kleiner Lämmer darstellt. Hier hält *Petrus*, der vom Herrn das Gesetz empfängt (dominus . . . scil. legem dat), *ein Kreuz im linken Arme*.

Es ist dies dieselbe **Form**, die wir an dem *Kreuze* bemerken, das *Christus* auf dem ersten der fünf Felder eines *Sarkophages* im Lateranmuseum *trägt*. Unter der Obhut eines römischen Soldaten trägt er mit beiden Armen das Kreuz von dannen. Der Sarkophag ist *aus dem vierten oder fünften Jahrhundert*. In einem Mittelfelde enthält er eine Darstellung der Kreuzigung, wenn auch der *Gekreuzigte* in effigie fehlt. Es ist dies unseres Erachtens eine wichtige Darstellung: *sie bildet gewissermassen den Übergang von der symbolischen zur offenen*, historischen Schilderung und passt sowohl in die Geschichte des Kreuzes, wie in jene der Darstellung der Kreuzigung Christi. Das Monogramm Christi, von einem Kranze umgeben (von *Kraus* als das „Labarum" bezeichnet), wird vom *Kopfende eines Kreuzes* getragen, dessen Fortsetzung es auf diese Weise bildet. Das Kreuz hat einen ziemlich langen Querbalken. (Vgl. Tafel I, Fig. 12).

Bekannt sind ferner die einfachen Darstellungen des Kreuzes in der Form X, der sog. crux decussata, in welcher der Name, die Person, das Werk des Erlösers symbolisiert ist. So fand es sich nach St. *Hieronymus* i. c. IV. Ezech. häufig auf den altchristlichen Geräten, Kleidern und in den Häusern; so sehen wir es mit der *Palme* vereint auf dem Boden einer Lampe von *Köln* (Taf. I, Fig. 11) und in ein Kreuz eingelegt auf einem Stoffe von *Achmim* (Taf. 1, Fig. 7). Das Ankerkreuz endlich (Taf. 1, Fig. 13) ist der Ausdruck eines ebenso tiefen wie — erfindungsreichen christlichen Glaubens an die rettende Heilswirkung des Kreuzestodes Jesu.

Auch auf *christlichen Lampen* also leuchtet uns das *Kreuz* entgegen, oft in unmittelbarer Beziehung zu Christi Erlösungstod. Die berühmte Bronzelampe aus der *Gallerie der Uffizien in Florenz* bietet uns ein besonders interessantes Beispiel. Christus ist der Steuerlenker; auf dem Vorderteil steht ein betender Mann, den Christen im rettenden Schiffe der Kirche symbolisierend. *Der Mast bildet mit der Segelstange ein Kreuz*, wie dies allerdings „natürlich" ist; allein wir bemerken alsbald, dass die Christen mit gewöhnlichen Dingen des Lebens eine religiöse Idee zu verbinden verstanden. Die *Inschrift* lautet: „Dominus legem dat Valerio Severo Eutropi vivas"; sie ist *am Mast* wie der **Kreuzestitel** angebracht, und erhält dadurch erst das Ganze seine tiefste Bedeutung. (Vgl. Taf. I, Fig. 17 u. 17a).

Eine Lampe des IV. Jahrhunderts, gefunden in Porto, erinnert an die tiefsinnige *Symbolik* der *Katakomben*. Sie ist eine Art Schiff, dessen Hinterteil sich in den Kopf der „Versucherin Schlange" ausschlingt; die Schlange bietet im Rachen den *Apfel* dar; aber sie wird überragt vom *siegreichen Kreuze* und der Taube, und vorn erhebt sich das Haupt des himmlischen Delphins: lauter bekannte, bedeutungsvolle Symbole. Das hier doppelt vorkommende Kreuz zeigt eine etwas ausgeschweifte Form. (Vgl. Taf. I, Fig. 16).

Wir haben bisher über etwaige unser Thema behandelnde *Wandmalereien* in den *Katakomben* geschwiegen. Beinahe hätten wir Veranlassung, dieses Schweigen zu bewahren. Wir kennen nur *vier* Gemälde, auf denen die Darstellung des Kreuzes beabsichtigt und deutlich sichtbar erscheint. Aus dem IV. Jahrhundert haben wir in Hintergrund eines Arcosoliums in S. Callisto unter Blätter- und Bluthenzweigen einen grünenden Stamm, *gekreuzt* von einem gleichfalls grünen Aste und umgeben von zwei Tauben; derselben Zeit gehört, in der gleichen Katakombe, das Bild eines Baumzweiges an, dessen horizontal ausgebreitete Arme zwei Lämmer überragen. Im Laufe des V. Jahrhunderts wurde ein *lateinisches Kreuz zwischen zwei Lämmern* in der Krypta der heiligen Cäcilia gemalt und zwar an der Mauer des Luminare. Das vierte Bild endlich führt uns bereits in das VIII. Saeculum. Wir finden da beim Eingang des Coemeterium Pontiani auf der Hinterwand des Baptisteriums ein Fresco, das *Kreuz* darstellend, *mit Gemmen verziert* und je an beiden Armen an einer Kette den Buchstaben A und O tragend, indes-

---

[1] F. X. Kraus, a. a. O. 347.

sen *über* den Armen zwei brennende Lichter erstrahlen. Diese „crux gemmata" jedoch führt uns bereits weit über die altchristliche Kunst in den Katakomben hinaus „in den Chor einer *Basilika*, in den Kunstkreis der *apsidalen Mosaik*."[1])
M.

Die Kreuzigung Christi in Darstellungen der Katakomben.

Wir haben bereits im letzten Artikel auf eine *Darstellung des Kreuzes* im Mittelfelde eines *Sarkophags* aus dem 4.—5. Jahrhundert aufmerksam gemacht, *die als* **Übergang** zur Darstellung der ganzen *Kreuzigung* anzusehen ist und demgemäss den *ersten Kruzifixus* repräsentiert. (Vgl. Taf. I. Fig. 12). Wir halten daran fest und vermögen nicht *bloss* wie *F. X. Kraus*[2]) symbolische Ideen darin zu erblicken. Natürlich geben wir diese voll und ganz zu: Das Kreuz trägt das *umkränzte* „Labarum," der Kranz sinnbildet den ewigen Lohn; auf beiden Kreuzesarmen steht je eine Taube, die am Kranze pickt, „wodurch die Hoffnung auf die mit Christus zu teilende Krone der Unsterblichkeit angedeutet wird, eine Erwartung, welche die Seele erfüllt und nährt, wenn auch hienieden das Kreuz ihr einziger Ruheplatz ist." Es ist das eine wunderschöne Deutung. Allein dabei wollen wir nicht übersehen, *dass der ganze Skulpturencyklus des Sarkophages die Passion Jesu behandelt.* Auf zwei Feldern sehen wir *Christum vor Pilatus:* auch hier symbolisiert ein Kranz den Lohn „für das offene Bekenntnis"; ein weiteres Feld zeigt die *Dornenkrönung* und ein viertes die Sæne: *Christus trägt das Kreuz auf Golgatha.* Wir fragen: Sollte das Mittelbild, der Symbolik unbeschadet, nicht direkt die Krönung der Passion, die **Kreuzigung,** darstellen? Das **Monogramm Christi** vertritt Christum selbst, die Wächter unter dem Kreuze sind entweder die Kreuzes- oder die Grabeswächter und können nebenbei auch symbolisch gedeutet werden.

So hätten wir also *hier* eine der *ältesten,* wenn nicht die älteste der Darstellungen von Christi Kreuzigung! An sie schliesst sich — für die Katakomben — jenes Fresko im *Cocmeterium sancti Valentini et s. Julii papae,* das wir nächst dem soeben besprochenen als *eines der ältesten Krazifixusbilder* ansehen müssen, wenn es auch nunmehr in **Achmim Aequivalente** gefunden hat! *Kraus*[3]) setzt es, während *de Waal* es in das VII. Saeculum verweist, in das *VI. Jahrhundert,* und gerade aus diesem bieten wir Darstellungen von Textilien der Nekropole Achmim-Panopolis.

Das Fresko ist im höchsten Grade merkwürdig und interessant. Wir zitieren wörtlich nach *Kraus:* „Zwischen Maria und Johannes hängt der Erlöser, mit langer, nur die Arme und die Füsse nackt lassender *Tunika bekleidet,* am Kreuze. Das Haupt ist nach rechts geneigt und hat gleich den beiden andern hl. Personen einen einfachen Nimbus. *Die Füsse stehen nebeneinander auf einer Fussbank; Nägel sind nur in den Händen zu erkennen."*

Der Leser wird gut daran thun, sich während der folgenden Abhandlungen dieser Darstellung recht eindringlich zu erinnern. Besonders auch ist die Existenz der Fussbank — die in jüngster Zeit eine noch zu besprechende Erklärung gefunden hat — von Wichtigkeit!

Hier sei auch noch der merkwürdigen altchristlichen Gemme Taf. II. Fig. 7 gedacht, die den Kreuzanker mit Fische in engster Verbindung zeigt. *Kraus* (Realencycl.) zweifelt an der Zulässigkeit der Deutung als Symbol des gekreuzigten Christus, indem er wohl an die vom hl. Paulus im Hebräerbrief ausgesprochene Erklärung denkt, die den Anker bloss als Symbol sicherer Heilshoffnung einführt. *De Rossi* dagegen erblickt in den *Abbildungen* des Ankers weit mehr nur *versteckte Kreuze,* die erst später eine weitere Symbolik annahmen. Wenn man uns ferner das die Bedenken von Kraus unterstützende Bekenntnis *Tertullians* (de Baptis. 1) entgegenhält: Wir Fischlein werden nach unserm Fische Jesus Christus im Wasser wiedergeboren, — so erinnern wir an die schönen Worte Prospers von Aquitanien († 466), des Augustinus Schüler, über die Heilung des Tobias: „Auch sie vollbrachte der *grosse Fisch durch sein Leiden,* Christus, der die Steuer zahlte für sich und Petrus und dem blinden Paulus das Ge-

---

1) Vgl. L' Archéologie chrétienne par André Pératé. Paris 1892.93. p. 145.
2) F. X. Kraus, a. a. O. S. 361.
3) F. X. Kraus, a. a. O. S. 534. — A. de Waal, Das Kleid des Herrn auf den frühchristlichen Denkmälern. Freiburg 1891. S. 31. —

sicht wiedergab, der mit sich selbst am Ufer die Junger speiste *und der ganzen Welt sich anbot als Fisch*, den unsere Vorfahren bezeichneten in ihren Büchern durch sybillinische Verse angeleitet als Jesus Christus, Gottes Sohn, Erlöser, *der als Fisch in seinem Leiden zugerichtet ward* und aus dessen Innern wir täglich Licht und Nahrung empfangen." Anker und Fisch in der auf unserer Gemme dargestellten Verbindung können also sehr wohl das Kreuzesopfer Christi symbolisieren! M.

Das Kreuz und das Monogramm Christi.

Der Frage nach der Beziehung zwischen Kreuz und Christusmonogramm dürfen wir nicht aus dem Wege gehen. Wir skizzieren allerdings nur die Etappen ihrer Ergründung und das Gesamtbild ihrer bisherigen Lösung.

Es war *falsch*, zu glauben, man habe das Monogramm Christi *nicht vor dem Siege Konstantin des Grossen* gekannt: *de Rossi* hat es in verschiedenen Variationen auf Inschriften des *dritten* Jahrhunderts nachgewiesen.[1]) Dagegen bleibt bestehen, dass es *vor Konstantin* nur *im Kontext* und als *Abkürzung des Wortes Christus* vorgekommen ist. In dieser Gebrauchsweise diente es sicherlich *auch zu gleicher Zeit als arkane Darstellung des Kreuzes*, dessen Form es ja enthielt.

Es sind die Formen: ✗(a) ✗(b) und ✗(c)

Welche der Varianten hier und dort, welche am häufigsten benutzt werden, brauchen wir hier nicht zu erörtern. Bei der Beschreibung des konstantinischen Labarums schwankt man zwischen dem

✗(d) des *Lactantius*[2]) und den nach des *Eusebius*[3]) Schilderung möglichen Formen ⊥, (d) und (a), von denen die letztere, da sie auf den Münzen Konstantins und seiner Söhne weitaus über das einfache Kreuz überwiegt, die wahrscheinlich richtige sein wird.

Über die Christusmonogramme von **Achmim** — um auch diese gleich hier an ihrer richtigen Stelle zu besprechen — hat *R. Forrer* uns in seinem Werke *„Die frühchristlichen Altertümer aus dem Gräberfelde von Achmim-Panopolis"*[4]) belehrt. Hier erscheint es neben seinem einfachsten Typus *auch in engster Vereinigung mit dem Kreuze*, von dem es also durchaus nicht gänzlich abstrahiert. Von den Wirkereien führt ein kleiner Clavus (Taf. II, Fig. 5) das Monogramm Christi mit vorgesetztem A und nachgesetztem ω vor (IV. Jahrhundert). Das X allein, darüber ein S, sehen wir neben einem byzantinischen Christus-Brustbild, und *ein veritablesKreuz mit angesetztem* P erscheint auf einem Stoffbesatz eingefügt in ein grosses *Henkelkreuz*. (Vgl. Taf. I, Fig. 6 und 10). Auch dieses *Henkelkreuz* müssen wir als ein vom Heidentum herübergenommenes Zeichen ansehen, mit dem die Christen eine heilige Idee zu verbinden wussten. Immerhin ist es eine verhältnismässig späte Erscheinung, die erst mit dem Ende des IV. Jahrhunderts auftritt und die crux dissimulata repräsentiert. Vorher spielt es in dem Religionskreis orientalischer Kulte (bes. in *Egypten*, Assyrien, Persien, Phönizien) eine mystische Rolle, über deren Bedeutung nachgerade eine ganz eigene Litteratur erwachsen ist. Wahrscheinlich ist es ein Symbol göttlicher Erneuerung, Umschaffung und Erleuchtung.

Ein letztes Wort mag hier noch der „crux gammata" gewidmet sein, die ja auch in den bekannten Versuchen eine Rolle spielt, das Christentum zu einem Abklatsch des Buddhismus zu machen.

Die Form ⊥ ist eine vierfache Wiederholung des griechischen Buchstabens Gamma Γ, daher crux gammata genannt. (Vgl. Taf. I, Fig. 8). Allerdings gilt es bei den Buddhisten und galt es seit Urzeiten bei andern Orientalen als heiliges Symbol; wir erinnern an dasselbe Zeichen (Sauvastika!) der von *Schliemann* gefundenen trojanischen Spinnwirtel, die sogar in den — *Schweizer Pfahlbauten*[5])

[1]) De Rossi, Inscr. christ. I p. 10. — Derselbe, Roma Sott. II, 320.
[2]) Lactant. De morte persec. c. 44.   [3]) Euseb. Vita Konst. I, 31.
[4]) Erschienen Strassburg 1893.
[5]) Vgl. Müller, Vorgeschichtl. Kulturbilder aus der Höhlen- und Pfahlbautenzeit. Böhl (Baden), Konkordia, 1893.

nahe Verwandte hatten! Aber die Christen nahmen das Symbol erst gegen das Ende des III. Jahrhunderts auf[1]) und knüpften an ein, wenn man absolut will, heidnisches Symbol „in wohlbedachter Wahl" eine urchristliche Idee. Und darin können wir nichts Buddhistisches entdecken! M.

Das Spottkruzifix vom Palatin.

Bevor wir die Zufluchtsstätten der altchristlichen Kunst in den Tagen der Verfolgung, die Katakomben, verlassen und, über das ihnen vielfach verwandte Gräberfeld von Achmim-Panopolis schreitend, in die Basiliken der Konstantinischen Triumphalperiode und die byzantinischen Tempel eintreten, müssen wir einer *weit älteren heidnischen* Darstellung gedenken, die sich auf die *Kreuzigung Christi* bezieht. Sie ist nur ein gehässiges Werk des alltäglichen Spottes der Heidenwelt gegen das Christentum; aber sie ist nicht nur glaubensgeschichtlich interessant, sondern vor allem archäologisch hochwichtig: sie ist das älteste uns bekannte Bild der Kreuzigung — allerdings christenfeindlicher Provenienz. *Das Spottkruzifix vom Palatin*, zusammen mit einem andern, dies scharf beleuchtenden Graffito, hat *F. X. Kraus* uns nach jeder Richtung hin vorzüglich erklärt[2]) und erläutert, als er sich anno 1872 gegen die destruktiven und von verblüffender Ignoranz zeugenden Theorieen J. Haupts in Wien wendete und — den Beifall der gesammten Wissenschaft erringend — bewies: die Darstellung, aufgefunden im Spätjahre 1856 am Süd-Westabhange des Mons Palatinus zu Rom, *entstand* aus der Hand eines heidnischen Sklaven der Kaiserl. Pädagogiums oder eines Soldaten *in der ersten Hälfte des dritten Jahrhunderts* und hatte den Zweck einen christlichen Genossen — Alexamenos — ob seines Glaubens an den *„gekreuzigten Gott,"* der am Kreuze mit einem Eselskopf dargestellt wird, zu verhöhnen. „Alexamenos betet seinen Gott an" höhnt die heidnische Beischrift, und „Alexamenos *ist ein Christ"* betont glaubensstolz ein später in der Nähe des ersteren entdecktes Graffito. Wir können hier nur auf die Kraus'sche bekannte Untersuchung verweisen und wenden uns zum Gegenstand der Darstellung selbst. (Vgl. Taf. III, Fig. 1).

Christus erscheint hier mit einem Eselskopf; er ist bekleidet mit einer nicht einmal bis an die Kniee reichenden, kaum die Oberarme deckenden Tunica (der sog. Interula oder dem κολόβιον) und den fascine crurales; er ist — das Haupt zur Seite wendend — an ein einfach skizziertes Kreuz geheftet, so zwar, dass die Hände an den grossen Querarmen *wahrscheinlich mit Nägeln* befestigt sind, indessen die Füsse frei *nebeneinander stehen auf einem Querbrette*. Zur Linken streckt grüssend eine ähnlich gekleidete Jünglingsgestalt die linke Hand zu ihm empor, anbetend den Kuss ihm zuwerfend. Der Zeichner wollte seinem heidnischen Spotte kräftigen Ausdruck verleihen; er that es indem er zu dem Vorwurf der Eselsanbetung — der Onolatrie — griff, den die Christen vielfach ertragen mussten. Eine Karrikatur Christi wollte er geben, und er gab sie mit vollendetem Hohne. *Die Kreuzigung an sich ist dagegen keine Karrikatur:* sie ist hier jedenfalls für die entsprechende Zeit *historisch richtig* skizziert, wenn auch nur flüchtig hingeworfen. Von Wichtigkeit erscheint uns wiederum, und diesmal *erst recht,* die Existenz eines suppedaneum, des *Fussbrettes*. Wir *betonen* ganz besonders dieses *Vorkommen des Fussbrettes am Kreuze in der ersten Hälfte des III. Jahrhunderts,* — weshalb, wird später einleuchten. M.

Kreuz und Kreuzigung in den Basiliken und auf gleichzeitigen Denkmälern bis zum VI. Jahrhundert.

Die christliche Kunst hat sich erst im Laufe des IV. Jahrhunderts, dazu verstanden, Passionsszenen darzustellen; wie wir bereits gesehen, scheute sie aber auch jetzt noch, im Siegesjubel und im Lichte der Basiliken, davor zurück, Christum an dem mit dem römischen Odium behafteten „Schandpfahl" des Kreuzes abzubilden.

Immer noch ist die Symbolik in ihrem Rechte. Ankerkreuz oder der Dreizack mit dem Fische,

---

[1]) De Rossi, Bullet. 1868, p. 83—91.
[2]) Das Spottkruzifix vom Palatin und ein neuentdecktes Graffito. Freiburg 1872.

d. i. Christus, in Verbindung gebracht, bringen diese Symbolik zum Ausdruck. Ein Fortschritt ist in dem Kunstkreis der Basiliken schon darin zu verzeichnen, wenn *Paulinus von Nola* († 430) in der Basilika des hl. Felix *unter ein blutrotes Kreuz ein weisses Lamm* malen lässt[1]. *Zeitlich* rechnen wir hieher die wiederholt erwähnte *Sarkophagskulptur* vom Lateran: *Kreuz mit Labarum!*

Immer noch muss als die *älteste christliche Darstellung* der Kreuzigung Christi in *historischem* Sinne das geschnitzte Bild auf dem aus Cypressenholz gefertigten mit biblischen Szenen geschmückten Doppelthor der Kirche der hl. Sabina auf dem Aventine gelten.[2] Papst Coelestin I. erbaute die Basilika um 424, Papst Sixtus III. (432—440) vollendete sie. Das Kreuzigungsbild gehört anerkanntermassen zu den ältesten Teilen des Bildercyklus auf der mit dem Bau gleichzeitigen Thüre.

Es ist eine eminent wichtige Darstellung: Den Hintergrund bildet eine von drei Giebeln bekrönte Mauer, eine Andeutung der Stadt Jerusalem. Vor ihr *stehen anscheinend auf der Erde* drei Personen, fast völlig nackt, nur mit einem sehr schmalen Schurz, subligaculum, bekleidet, der vorn bis nahe an die Knie herabreicht. Man bemerkt *in ihren Händen* die Spur der Nägel, aber keineswegs die *Nägel selbst*, wie *Pirate* ausdrücklich sagt;[3] die Füsse sind nach Demselben nicht durchbohrt, wie Msgr. Dr. *de Waal*, der sans phrase von vier Nägeln spricht, annimmt. Das Kreuz ist nicht davon zu unterscheiden: bei allen drei Figuren sind „die Arme nicht von den Schultern an ausgespannt, sondern strecken sich erst vom Ellenbogen aus; dementsprechend müssen wir denn auch die Kreuzesbalken nicht am obern Ende des Stammes, sondern ziemlich in der Mitte desselben eingefügt denken." Die mittlere Figur, ohne Nimbus, mit kurzem Bart und *langem Haar,* ist *Christus;* von den kleiner und unbärtig dargestellten Schächern wendet sich der zur Linken gegen ihn, der andere wendet sein Haupt ab. Christus wendet sich halbwegs zum guten Schächer. (Vgl. Taf. II, Fig. 13).

Ebenfalls in die Mitte des fünften Jahrhunderts setzt man eine jedenfalls auch occidentalischer Arbeit entstammende *Elfenbeintafel des Britischen Museums* mit der Kreuzigung. Sie hat mit andern Reliefs aus dem Leben Jesu ein Ganzes gebildet.[4] Der Körper Christi gleicht dem von S. Sabina: er ist nackt bis auf ein schmales Perizonium; jugendlich, bartlos, mit langem Haar und einfachem Nimbus. (Vgl. Taf. III, Fig. 2). Das T-Kreuz verbreitert sich etwas unten und an den Enden der Arme; es trägt die Überschrift: REX IVD (sc. aeorum). *Die Füsse sind nebeneinandergeordnet: von Nägeln ist nichts zu bemerken.* Auch das *Fussbrett* ist nicht zu unterscheiden, wenn es unseres Erachtens auch durch die ganze Haltung des Kruzifixus annehmbar gemacht wird. Maria und Johannes stehen rechts unter dem Kreuze; gleich nebenan hängt Judas Ischariot am Baume, unter ihm auf dem Boden liegt der Geldbeutel mit den Silberlingen. Die Figur links vom Kreuze, ein Mann, der den rechten Arm gegen Christum aufhebt, erklärt *Schönermark[5]* als den Kriegsknecht, der des Herrn Seite durchstechen will, während *de Waal* richtiger ihn wegen seiner runden Mütze und seiner Beinbekleidung einen *Juden* nennt, der seine Hand gegen den Gekreuzigten erhebt.

Wenn wir das Zeitalter der konstantinischen Bauten ins Auge fassen, so können wir uns ziemlich kurz fassen, und dies sogar für ein langes Mass der Nachzeit. Angefangen von dem herrlichen Grabmal der h. Konstantia bis fast in das XII. Jahrhundert, finden wir unter den Mosaiken wohl das *Kreuz* als *crux gemmata*, besonders in den Apsiden der Basiliken, aber nicht eine Darstellung der eigentlichen Kreuzigung. Wir kennen aus Resten und aus den Zeugnissen des „*Liber pontificalis*" den *Wert* des Mosaikenschmuckes, mit dem Konstantin der Grosse und seine christusbegeisterte Mutter Helena die Hauptkirchen versahen. Wir können uns einen Begriff von dem *Glanze* der vatikanischen Basilika machen. Der Lateran und andere Basiliken haben uns weniger von ihrem einstigen Schmuck verraten, wenn wir auch im Baptisterium beim Lateran noch Spuren entdecken. Besser kennen wir die nachkonstantinische Dekorationen der — merkwürdigerweise so lange kunstgeschichtlich geringgeschätzten — Basilika von *St. Pudentiana*, die um 385—398 ihre prächtige Ausschmückung erhielt. Hervorgegangen aus dem Privathaus des römischen Senators „Pudens", des immer noch geheimnisvollen reichen Freundes der jungen römischen Christengemeinde unter Petrus, ward sie eines der ehrwürdigsten Heiligtümer des

[1] Ep. 32, 12 ad Sever.   [2] Vgl. Pératé a. a. O. p. 334. — De Waal a. a. O. S. 18 f.

[3] Pératé a. a. O. p. 334.   [4] Vgl. De Waal a. a. O. S. 19. f.

[5] Ztschr. f. christl. Kunst 1890. Nro. 4. S. 124.

christlichen Rom. Hier sehen wir[1]) in einer apsidalen Mosaik des ausgehenden IV. Jahrhunderts eine grosse **crux gemmata** auf einem Berge, vor ihr Christus thronend mit den 12 Aposteln u. s. w.

Das oben erwähnte *Baptisterium des Lateran* enthält in dem von Papst *Hilarius* 461—468 errichteten Oratorium des hl. Johannes Evang. eine interessante Mosaik auf Goldgrund.[2]) Die Dekoration enthält in der Mitte eines **gleicharmigen Kreuzes** (das ebenfalls dekorativ wirkt) ein Quadrat, in welchem, von einem Kranze umgeben, **ein nimbiertes Lamm** steht. Der Kranz besteht aus Symbolen der vier Jahreszeiten, der übrigen dekorativen Beigaben ist nicht zu gedenken. (Vgl. Taf. III. Fig. 8).

Aus den berühmten Mosaiken in *Ravenna, Nola, Capua, Neapel und Mailand* können wir wenig Material für unsere Sache holen. Bekanntlich ist Ravenna, „das christliche Pompeji", wie kein anderer Ort Italiens imstande, uns einen echten Eindruck vom Geiste und vom Schaffen des Altchristentums zu geben. Die Spuren der ältesten Kunst in der Kirche sind hier noch beinahe intakt, und *Honorius*, sowie seine Schwester *Galla Placidia* haben seit dem Beginn des V. Jahrhunderts dafür gesorgt, dass dieser Schatz ein wahrhaft reicher geworden. Wir finden aber leider nicht viel Stoff für unser Thema. Nur über dem Eingang nach dem Hintergrund der Kapelle, die das *Mausoleum* der *Galla Placidia* (V. Jahrh.) bildet, geben uns die beiden Lunetten zwei als Meisterwerke der altchristlichen Kunst gepriesene Darstellungen, die *das Kreuz* mitdarstellen und eigentlich nicht mehr in den engen Rahmen unserer Betrachtung zu setzen sind. Das eine Bild ist das *des guten Hirten*, der geschmückt mit breitem Nimbus unter seiner Heerde steht und mit der Linken *ein grosses, verhältnismässig schmales Kreuz* umfasst, während er mit der *Rechten ein Lamm streichelt*: eine Illustration zu dem Worte: „*Der gute Hirte giebt sein Leben für seine Schafe*", also immerhin eine Allegorie *der Kreuzigung*! — Das andere stellt die Marter des hl. *Laurentius* dar, der, das *Kreuz* auf der rechten Schulter, freudig zum glühenden Roste eilt: „Wer mir nachfolgen will, nehme sein Kreuz auf sich!"

Von den Mosaiken in den Basiliken zu *Nola* und *Capua* aus dem V. Jahrhundert, über die wir unterrichtet sind, ist uns keine Darstellung[3]) erhalten; das Baptisterium St. Johann in Neapel enthält nichts für unsere Frage, und auch Mailand bietet nur Allegorie und Symbolik.

Wir dürfen eben niemals vergessen, dass die alten Christen sich scheuten, die Erinnerung an die Schmach der Kreuzesstrafe, *eine Strafe, welche erst seit dem V. Jahrhundert ausser Übung gekommen war*, durch eine geschichtliche Darstellung allzu lebhaft wachzurufen; *Schnaermark*[4]) hat Recht, wenn er sagt: eine unerträgliche abstossende Wirkung auf die Beschauer wäre damals noch die Folge gewesen.

M.

Kreuz und Kreuzigung auf den Gewandresten und sonstigen Altertümern von Achmim-Panopolis.

Die Aufdeckung und Ausbeutung des antiken Gräberfeldes von Achmim-Panopolis in Oberägypten hat der Archäologie, der Kunst und Kulturgeschichte, ja selbst der modernen kunstgewerblichen Technik neue und vielseitige Anregungen geschenkt, so dass diese Disziplinen teilweise vor einem staunenerregend neuen Forschungsmateriale stehen.

Das vor wenig Jahren entdeckte Gräberfeld von Achmim bildete nachweisbar während fast acht Jahrhunderten den Begräbnisplatz für die Bewohner der alten Stadt Panopolis. Die Gründung der Nekropole fällt bestimmt in den Beginn unserer Aera, in die ersten zwei Jahrhunderte, wiewohl Funde von klassischer Vollendung uns beinahe versuchen möchten, bis auf die augusteische Epoche zurückzugehen. Während der römischen und byzantinischen Herrschaft immerwährend im Gebrauch, reicht die Totenstadt herauf zu der Zeit der Eroberung Ägyptens durch die Araber. Das bedeutet den respektablen Zeitraum von 600—800 Jahren mit all seinem bunten kultur- und religionsgeschichtlichen, technischen und künstlerischen Inhalt, den uns der trockene Boden Achmims *so wunderbar erhalten hat*.

In den *ersten* Jahren mag nur ein kleiner Teil der hier Begrabenen sich zum Kreuze bekannt haben, die Mehrzahl der Bestatteten dürften Anhänger der römischen Staatsreligion oder anderer Kulte

[1]) Pérate a. a. O. p. 209.   [2]) Ebenda p. 213.
[3]) Vgl. Pérate a. a. O. p. 231. — Kraus, Rom. sott. S. 609.
[4]) Zischr. für christl. Kunst. 1890, 4 S. 126.

gewesen sein. Das Zusammenwohnen von Christen und „Heiden" auf ein und derselben Totenstätte darf uns hier auch keineswegs befremden; denn wir befinden uns nur auf dem Boden einer römischen Provinzialstadt, die mit den Riesenverhältnissen des alten Rom kaum in Vergleich zu stellen ist, und wo also von gesonderter Bestattung oder gar von Katakomben — die sich nur als das Werk grosser Gemeinschaften denken lassen — nicht zu reden ist. Dafür zeichnete man den Christen durch Beigabe von spezifisch christlichen Symbolen aus, indem man ihm ein — in den Tagen der Verfolgung verhülltes — Kreuz in die Tunica einstickte, ihm ein Kreuz umhing oder durch irgend ein anderes Amulet oder Symbol auf seine Eigenschaft als Christen hinwies.

Die Erstarkung und allgemeine Verbreitung des Christentums findet auch in den Gräbern von Achmim ihren Ausdruck, denn immer mehr sieht man dort die heidnischen Gestalten allmählig verschwinden und christliche Figuren an ihre Stellen treten. *Der Sieg des Christentums zeigt seine Trophäen auch in der Nekropole von Achmim.* Der ägyptische Christ übergiebt, seinen Vorfahren gleich, seine Toten als einbalsamierte, in Gewänder gehüllte Mumie der Erde. Bald trägt der Gestorbene das Kleid, das er lebend besessen, bald ist er bestattet in einem speziellen Funeralgewand. Dazu fügte man Schmuck aller Art und Geräte, die des Toten einstigen Stand symbolisierten. Demgemäss erhielt der Schreiber seinen Stylus oder sein Schreibzeug, der Jäger seine Pfeile, der Weber seine Webegeräte, der Korbmacher ein Körbchen, der Giesser eine Gussform und — *der Priester seinen liturgischen Kamm, sein Gewand, seine heiligen Geräte!* Das alles ist von eminenter Wichtigkeit auch für unser Thema.[1]

Das IV.—VII. Jahrhundert sind für uns die reichste Periode dieses Gräberfeldes. Wir sehen *vorab in den Geweben von Achmim* wie in einem Spiegelbild den Gang der Kunstgeschichte in den ersten 800 Jahren: die heidnisch-klassische Kunst macht der frühchristlichen, dann der byzantinischen Platz, und am Schlusse sehen wir im Eintreten arabischer Motive den Mohammedanismus das einst in diesen Gegenden so reich aufblühende Christentum verdrängen.

Was nun die Darstellung des Kreuzes und der Kreuzigung betrifft, so muss auch dafür im ganzen gelten, dass christliche Denkmäler *in den ersten 500 Jahren sehr selten* vorkommen. Dagegen findet sich bereits eine Anzahl von Stoffen, die nach Farbe, Zeichnung und Technik noch in diese Zeit gehören; sie sind schwarzfarbig, von klassischer Zeichnung, und, ungefähr in die Zeit von 200—300 fallend, zeigen sie *nur verhüllt* christliche Symbole; hier ist die zeitliche und psychologische Verwandtschaft mit den entsprechenden Katakombenfunden deutlich zu erkennen. Bei den *Geweandern* musste naturlicherweise die *Verhüllung* der christlichen Embleme noch mehr, noch energischer gewahrt werden als auf den verborgenen Denkmälern der Katakomben. Die Embleme selbst sind die allgemein bekannten: der *Fisch*, ἰχθύς, in erster Linie.

Zwei Darstellungen aber bieten tieferes Interesse. Davon wurde eine von mir jüngst in meinem Werke: „Die frühchristlichen Altertümer aus dem Gräberfelde von Achmim Panopolis" publiziert,[2] die andere, die wir in diesem Werke mitabbilden, fand eine spezielle Besprechung von G. Müller.[3] ist aber weiteren Kreisen noch nicht bekannt geworden.

Wir wenden uns zur Ersteren. (Vgl. Taf. II, Fig. 2.) Es sei gleich bemerkt, dass sie sicherlich um etwas *jünger* ist als die zweite, und zwar bekennt sie sich jünger, dem IV. Jahrhundert angehörend, weil sie schlechtere Zeichnung verrät und ein vielfarbiges, der *crux gemmata* nahekommendes unverhülltes Kreuz enthält. Aber sie ist *in der Idee* mit der zweiten enge verwandt. Hasen, Löwen und Gazellen, umschlossen von Weinranken, streben einem *goldenen*, mit *Edelsteinen* besetzten **Kreuze** zu und illustrieren die Mahnung: „Lebe und wirke eifrig dahin, dass du das Heil erwirbst, das im Kreuze winkt."

Die zweite Darstellung (Fig. 1, Taf. II) zeigt zwei Hasen und einen Löwen mit roten Zungen; die Tiere eilen einem Kreuze zu, *das in einer Art rollender Scheibe verhüllt ist:* eine sicher noch dem III. Jahrhundert angehörende Darstellung, die in der alten Christensprache etwa besagt: „Suche in flammender Begeisterung, zwar in „Furcht und Zittern" wie der Hase, aber mit dem Mut des Löwen vom Stamme

---

[1] Vgl. R. Forrer, Antiqua 1890. — Derselbe, „Die Gräber und Textilfunde von A.-P.", Strassbg. 1891 und „Die römischen und byzantinischen Seidentextilien von A.-P." 1891.

[2] S. 24 und Taf. XVIII, 6. — [3] Müller, Augsb. Postzeitg. Beilage 21; 1891.

Juda (= Christus) das Heil, das im Kreuze liegt." Ist das nicht die Sprache des bedrängten, frommen, starkmutigen Christenglaubens in der Bilderschrift der Katakomben?

Eine weitere Bordüre zeigt, *von verhüllten Kreuzen* umrahmt, zwei Tauben, zwischen denen ein Kelch mit einem Brote steht. (Vgl. Taf. I, Fig. 9)

In der Übergangszeit zum vollen äusseren Siege der jungen Religion mehren sich Anfangs des IV. Jahrhunderts die *Kreuzbilder,* immer offener und unverhüllter hervortretend, wie ein dieser Zeit angehörender Clavus, der drei Kreuze zeigt, und verschiedene Lampen darlegen.[1]

Den Triumph des Christenglaubens endlich symbolisiert ein *äusserst merkwürdiges nebenstehend facsimiliertes Seidengewebe,* das wir dem Ende des IV. Jahrhunderts zuschreiben müssen. Es zeigt einen lockigen, bartlosen Jüngling mit langer Tunica und Pallium, der mit der Linken das Kreuz emporhält und in der Rechten eine *Kreuzeslanze* führt, deren Unterteil er einer krokodilähnlichen Schlange in den Rachen stösst. Über dieses seltsame Bild habe ich an anderer Stelle bei Erklärung der *St. Georgsdarstellungen* von Achmim ausführlich gesprochen[2]. Betont ist, dass diese Figur *keinen Nimbus* hat; merkwürdig ferner, *dass diese interessante Darstellung auf Lampen des V. Jahrhunderts wiederkehrt,* hier aber — ein Beweis für späteres Alter — den Sieger *nimbiert* uns zeigt!

In gleicher Weise deutet die *Figur eines Tänzers,* fig. 3 Taf. II, mit Blumenranken in der Hand, von einem *Kreuze* überragt, eine Verherrlichung der Religion Christi hin. — Stolz trägt ferner ein **Hirsch das Labarum** resp. Monogramm Christi in seinem Geweih — ein Gegenstück zu dem bekannten symbolischen Lamme der Katakomben! (Vgl. Taf. II, Fig. 4.)

Im fünften Jahrhundert sehen wir auf Geräten und Geweben Achmims Monogramm Christi und Kreuz in variierenden, uns von den anderen altgeschichtlichen Denkmälern her wohlbekannten Formen wiederkehren.

Das VI. Jahrhundert bringt uns auch auf Achmimer Stoffen Darstellungen der Kreuzigung Christi: interessante Beiträge zur Archäologie des Kreuzes!

In allererster Linie ist hiefur *das grosse bischöfliche Pallium*[3] von Achmim mit seinen neun überstickten Figurentableaux anzuführen, welche eine ganze „vita Christi" darstellen. Dieses Pallium ist einer der hervorragendsten Funde aus der fraglichen Nekropole und dem *Laufe des VI. Jahrhunderts zuzuschreiben* als ein direkt vom Papst einem ägyptischen Erzbischof verliehenes Insignum, demgemäss als italo-römisches (vielleicht ravennatisches) Kunstwerk.

Tableau 8 zeigt die *Kreuzigung Christi.* Auf einem Hügel (Golgotha) erhebt sich das Kreuz; Christus, mit Nimbus, trägt *lange Tunica und Pallium* (Tunica inferior et exterior); *seine Füsse sind unangenagelt* auf das *Fussbrett* gestützt. Zu Seiten des Kreuzes stehen als runde Scheiben Mond und Sonne, indessen sich über dem Kreuze der *Himmel* zu wölben scheint.

Diese Kreuzigung ist schön und stilvoll. Weniger *geschickt* ist die immerhin interessante Darstellung auf einer wohl gleichzeitigen oder doch viel späteren, hier in Naturgrösse reproduzierten **Goldplatte** ausgeführt, die sich ihrem Zweck und ihrem Schmucke nach an die als Zierstücke und Auszeichnungen bekannten „longobardischen Blattgoldkreuze" anschliesst. Dies figurale Goldblech ist als Kleiderbesatz, als clavus aureus, zu denken. Es zeigt uns eine getriebene *Relief-Abbildung der Kreuzigung Christi.* Der Heiland steht mit beiden *(nicht angenagelten!)* Füssen auf einem *Fussbrett,* die Arme

---

[1] Vgl. R. Forrer, die frühchristlichen Altertümer aus dem Gräberfelde von Achmim-Panopolis fig. 8 Taf. XIV.
[2] R. Forrer, Die röm. u. byzant. Seidetextilien aus d. Gr. v. A. P. Artikel: St. Georg in den Funden von Achmim.
[3] R. Forrer, Die röm. u. byz. Seidetextilien von Achmim Seite 19 ff. u. Tafeln IX, XVI u. a. XVII. — Dazu Müller, Zur Geschichte des Palliums. Beilage der Augsb. Postztg 1893 No. 27 und 28.

— 19 —

wagrecht ausstreckend. Auch die Hände scheinen nicht angenagelt, *sondern angebunden* zu sein! Christus, mit Kreuznimbus, offenen Augen und anscheinend bartlos, trägt eine Ärmeltunica, welche dem Gekreuzigten bis auf die Füsse reicht und einen Besatz von zwei, von den Schultern bis nahezu an den Rand der Tunica reichenden Streifenclaven aufweist; Sonne und Mond fehlen nicht. Unter dem Kreuze sieht man zwei menschliche Gestalten, deren horizontal ausgespannte Arme mich *nur an die beiden Schächer* denken lassen.

Kreuzigungsbilder von Achmim und zwar wieder auf Gewandresten. Eine ziemlich rohe Darstellung, bei der jedoch deutlich die Haltung des Körpers zu erkennen ist, zeigt *unter dem Kreuze ein Lamm* (Fig. 9 Taf. III). Sehr spät — ca. VIII. Jahrhundert — zu datieren ist die Abbildung (Fig. 5 Taf. III), die in roher Stickerei Christum nimbiert, mit langer Tunica dar-stellt und dem Kreuze zwei knieende

Noch kennen wir drei weitere Personen — Maria und Johannes — beigiebt. Erwähnt sei endlich die *äusserst rohe*, den Verfall der Kunst illustrierende Darstellung auf einem Gewandrest im Museum zu Genf. Christus ist ungemein dick, die Arme streckt er wagrecht aus. Es ist eine spätbyzantinische Arbeit ohne Geschick und Geschmack.

Wie den gekreuzigten, so zeigen die Achmimer Funde auch den segnenden und lehrenden Christus, u. a. auch in der Übergabe des Hirtenamtes an Petrus: „Weide meine Lämmer, weide meine Schafe!" Allein schon die *Kreuzigungsbilder* beweisen, welche eminente Wichtigkeit der Necropole von Achmim-Panopolis zukommt.   R. F.

Die Kreuzigung Christi auf Bildern des VI. Jahrhunderts.

Wir haben uns bereits durch die merkwürdigen Funde von *Achmim*, denen wir trotz ihrer engen Beziehungen zu der altchristlichen Kunst im allgemeinen und jener des VI. Jahrhunderts im besonderen infolge ihres überraschenden Reichtums und ihrer archäologischen Neuheit ein besonderes Kapitel widmen zu sollen glaubten, der Kulminationsperiode der altchristlich-byzantinischen Kunst genähert. *Das sechste Jahrhundert* hat in den Achmimer Altertumern uns bedeutsame Beiträge für unsere Untersuchungen ge-geben; wir wenden uns nun zu den übrigen Denkmälern der gleichen Zeit.

In das VI. Jahrhundert setzt *de Waal* mit Anderen die bildverzierten **Ölkrüglein** aus Thon oder Metall und die **Enkolpien** vom Schatze zu Monza.[1]) Was die Ersteren betrifft, so hat uns *K. Forrer*[2]) ähnliche Ölampullen aus Ägypten vom Grabe des hl. Menas vorgeführt. Die Ölfläschchen in Monza sind Pilgerdevotionalien aus *Jerusalem*, in denen man Öl aus den Lampen der heiligen Stätten mit-brachte. Die Ölkrügchen von Jerusalem tragen Darstellungen der „Kreuzigung", der Auferstehung etc., ähnlich wie die *ägyptischen* den hl. *Menas* zwischen zwei Kameelen zeigen. (Vgl. Taf. II, Fig. 8 und 9.)

Auf fast allen Ölampullen sehen wir keinen *Krucifixus*: es steht vielmehr das *Kreuz allein* zwischen den beiden *gekreuzigten Schächern*; dagegen erblicken wir über dem Kreuz das *Brustbild* oder auch bloss das *nimbierte Haupt* des Erlösers. Das Bild vollenden die Figuren „Sonne und Mond" sowie betende Christen als Pilger (Taf. II, Fig. 10). Die Schächer zeigen folgende *Kreuzigungsweise*: sie tragen einen bis auf die Kniee reichenden, glattgefalteten Schurz (bracae oder femoralia), der fest um den Leib gebunden ist. Ihre Füsse sind nicht angenagelt, sondern angebunden; die Haltung der Arme gleicht der auf dem Portal von Sabina: sie sind erst vom Ellbogen an gespannt. Einmal erscheinen die Schächer, die Hände auf dem Rücken, an einen Pfahl gebunden.

Eine einzige ampulla weist einen eigentlichen *Krucifixus* auf: als solchen haben wir Christum zu nehmen, der — in Tunika mit engen Ärmeln und Pallium — die Arme horizontal ausstreckt, neben ihm, aber von ihm überragt, die Schächer mit kurzer Lendenhülle.

---
[1]) De Waal, a. a. O. S. 21 f. — [2]) K. Forrer, die frühchristlichen Altertümer von Achmim-P. Strassbg. 1893
Artikel I.

Die zwei ovalen *Enkolpien* von Monza mit der Darstellung der Kreuzigung Christi besitzen wir leider nur noch in den Zeichnungen. „Auf beiden Medaillen erscheint *der Herr*, das Haupt mit dem Nimbus umgeben, *aus Kreuz geheftet*, angethan mit einem Gewande, welches von den Schultern her sich gegen die **nebeneinander angenagelten** Füsse zu verengt. Das Gewand ist bei der einen Figur ein Kolobium ohne Ärmel, bei der andern eine Tunika mit engen bis an die Handwurzeln reichenden Ärmeln. Das *Suppedaneum* oder der Pflock für die Füsse *fehlt*. Auf dem einen Enkolpium stehen bloss Maria und Johannes unter dem Kreuze, auf dem andern sind noch die beiden Soldaten mit Speer und Schwamm in kleinerem Masstabe hinzugefügt, während zwei andere Soldaten am Fusse des Kreuzes auf der Erde liegen.[1] (Vgl. Taf. III, Fig. 4.)

Hier sei auch gleich das von *de Waal* beschriebene jüngere *Bleitäfelchen* zitiert, ebenfalls ein Pilgerandenken, auf welchem Christus mit Nimbus und kurzer Tunica, mit wagerecht ausgestreckten Armen gekreuzigt erscheint, indes die *Füsse auf einem Suppedaneum ruhen!*

Endlich haben wir des *goldenen Brustkreuzes* zu gedenken, welches um ca. 600 Papst Gregor d. Gr. der Longobardenkönigin Theodolinde schenkte. Es umfasst unter Bergkrystall ein kleineres Kreuz; auf diesem ist Christus, den Kreuznimbus um das Haupt, mit ausgebreitet angenagelten Armen abgebildet, indessen die *Füsse* auf einem *grossen Suppedaneum* stehen; nach der Zeichnung *de Waals* sind sie angenagelt. Christus hat auch hier — wie so oft auf den ältesten Darstellungen — keineswegs einen leidenden Gesichtsausdruck oder eine gebrochene Haltung.

Wir geben auf Tafel IV in Fig. 3 u. 4 die in der Gewandung Christi *verschiedenen* Abbildungen dieses vielgenannten Kreuzes nach *de Waal* (resp. *Kraus*) und nach *Stockbauer*. Letzterer zeigt Christum in einer mit Claven geschmückten Tunika ohne Ärmel, Erstere geben dem Erlöser ein einfaches Lendentuch.

Mehrere *Berichte* über Kreuzigungsbilder aus dem VI. Jahrhundert — so von einem gemalten nackten, später „bekleideten" Crucifixus von Narbonne, einem Altarteppich in Tours, einem Gemälde in der Kirche von Gaza — bieten uns zu wenig Anhaltspunkte, um sie hier verwerten zu können.

Die *bilder*, in diesen neuen Zeitabschnitt fallenden *Mosaiken* von Ravenna gehören *zum Teil* (St. Maria in Cosmedin) in den arianisch-häretischen Kunstkreis und sind in dieser Eigenschaft ziemlich dürftige Reproductionen[2] der in *orthodoxen* Kirchen in origineller Kraft erstrahlenden Arbeiten. Christum sehen wir in St. Apollinaris oft abgebildet, stets mit dem *Kreuznimbus*. In dem reichen Bildercyclus finden wir aber nur eine *auf die Kreuzigung* sich direkt beziehende Darstellung. *Christus wird auf Golgotha geführt.*[3] Das einfache Langkreuz wird von einem *andern Manne* (Soldat oder Simon von Cyrene?) frei in der Linken getragen. Dass sich die *crux gemmata*, einmal mit dem Brustbild Christi in der Mitte, auf diesen Mosaiken wiederholt vorfindet, sei nebenbei bemerkt.

Den Schluss dieses Kapitels bilde die Besprechung des ausserordentlich interessanten **Kreuzigungsbildes** auf einer grossen Miniature des **syrischen Evangeliums** Codex syriacus 56 der Bibliotheca Laurentiana zu Florenz. Geschrieben um 586 von dem Mönche *Rabula* im Kloster zu Zagba in Mesopotamien enthält der Codex 14 Blätter mit Miniaturen. Fünf grosse Miniaturen zeigen „Je Christ glorieux recevant les Evangélistes, le *Crucifiement* et la *Résurrection*, l'Ascension, enfin la Descente du Saint-Esprit."[4] Die Bilder sind in der Ausführung gerade nicht hervorragend, allein sie erinnern in Anordnung und Conception an gewisse *Mosaiken in Ravenna* und an das *Portal von Santa Sabina in Rom.*

Uns interessiert hier besonders die *Kreuzigung Christi* (vgl. Taf. III, Fig. 6.), die durchaus „historisch" aufgefasst erscheint. *Christus*, noch lebend, einfach nimbiert, bekleidet mit einer enganschliessenden, langen, ärmellosen Tunika von brauner Farbe, streckt die Arme straff-horizontal; *die Füsse* hangen nebeneinander sind aber — trotz der auffallend sich widersprechenden Kommentare — nicht angenagelt.[5] Neben dem Kreuze steht links ein Mann mit dem Essigschwammrohre, das er dem Heiland

[1] De Waal, a. a. O. S. 23. — [2] Vgl. Pérate, a. a. O. p. 234.
[3] Pérate, a. a. O. p. 243. — [4] Ebenda, p. 276. f. Dazu De Waal, a. a. O. S. 26 f. und Ztschr. f. chr. Kunst. 1890. 4. S. 126.
[5] Pérate a. a. O.

— 21 —

emporreicht, rechts Longinus, der mit der Lanze des Herrn Seite durchsticht: eine merkwürdige, jedoch keineswegs vereinzelte Verbindung dieser zwei zeitlich verschiedenen Détails aus der Kreuzigungsepisode. Die Schächer, mit dem Schurze bekleidet, sind angenagelt, *aber über ihre Brust ist kreuzweise ein Seil geschlungen*, um den Körper der Delinquenten am Stamme festzuhalten. Am Fuss des Kreuzes verlosen drei Krieger die Tunica inconsutilis. Maria mit dem Nimbus und Johannes stehen auf der einen, die frommen Frauen Jerusalems auf der anderen Seite.

Um genau zu sein, müssen wir noch darauf hinweisen, dass die einzige „*Kreuzigung Christi*" der Katacomben, die wir aus dem Cömeterium Valentini erwähnt haben, nach *de Waal* wahrscheinlich in die Jahre 642—649 fällt, während *F. X. Kraus* sie, wie oben bemerkt, in das *VI. Jahrhundert* setzte, eine Datierung, die uns — wenn nicht spezielle Bedenken wegen des Cometeriums dem entgegenstehen — in Anbetracht der nächstverwandten Darstellungen von Achmim und der oben besprochenen Denkmäler immerhin als die annehmbarere erscheinen will. M.

Die Darstellungen der Kreuzigung Christi vom VII. bis in das X. Jahrhundert.

So seltsam es anfänglich uns bedünken mag, dass in den auf das VI. Jahrhundert folgenden Zeiten bis zum zehnten Saeculum die *Kreuzigungsbilder keineswegs* an Zahl zunehmen, so klar wird diese Erscheinung, wenn wir die Ursachen ins Auge fassen. Das V. und VI. Jahrhundert sind, sagt *de Waal*[1]), vornehmlich reich an orientalischen Kreuzigungsbildern, reicher als die vier folgenden zusammen. Der römische Archäologe giebt als Grund hierfür die endlosen dogmatischen Streitigkeiten, vor allem den Bildersturm im VIII. Jahrhundert an, während er für das gleiche Phänomen in der abendländischen Kirche die alte Scheu anführt, die da zögert „den Sohn Gottes in seiner tiefsten Erniedrigung und in der Schmach des Kreuzestodes darzustellen." *Pérate* weist hingegen[2]) auf die allgemeine Dekadenz der Kunst im VII., VIII. und IX. Jahrhundert hin, hervorgerufen vor allem durch die blutigen Kämpfe und inneren Fehden. *Rom* blieb gegen diese Kunsterschlaffung nicht gefeit. „Les artistes ont quitté Rome, il n'y demeurent que *des ouvriers*", sagt *Pérate* treffend. In den Apsiden der Basiliken grüsst uns noch in Mosaiken die crux gemmata, zuweilen überragt vom Haupte des Erlösers, wie in St. Stefano rotondo (ca. 645), ähnlich wie auf der für das *VI. Jahrhundert beschriebenen Oelampulle aus Jerusalem*. Selten hören wir, dass in die Teppiche, welche die Päpste den römischen Kirchen schenkten, Darstellungen der *Kreuzigung* gestickt waren.

Aus dem VIII. Jahrhundert ist uns — allerdings nur in einer kleinen oberflächlichen *Copie Grimaldi's* — das *Kreuzigungsbild* bekannt, das Papst *Johann VII.* (705—708) in dem von ihm neben St. Peter errichteten Oratorium unter einem ganzen Cyklus von Mosaikbildern darstellen liess. Von der *Kreuzigung* sind die Figuren *Mariä und des Longinus* erhalten und werden in den Krypten von St. Peter aufbewahrt. *De Waal* beschreibt die Skizze von Grimaldi im Archiv der Peterskirche folgendermassen[3]): „Christus hängt lebendig, bekleidet mit einer gegürtelten Tunica, die bis zur Handwurzel reicht, an einem hohen Kreuze, *ohne Suppedaneum*. Sonne und Mond stehen als Sternenbilder rechts und links über dem Kreuze. Die beiden Soldaten mit Lanze und Schwamm handeln gleichzeitig; zur Rechten Jesu stehen seine Mutter, links Johannes mit dem Evangeliumbuche."

Eine *ähnliche* Darstellung zeigt ein *Pax-Täfelchen aus Cividale*[4]), gefertigt um 752; hier ist Christus mit einem die Kniee erreichenden Schurze bekleidet, die Füsse sind nebeneinander *auf dem Suppedaneum* angenagelt. Maria und Johannes stehen je hinter einem Soldaten, letzterer mit Speer und Schwamm. Über den Kreuzarmen sind Brustbilder von Sonne und Mond, beide weiblich, dargestellt. (Vgl. Taf. IV, Fig. 2.)

In seiner vortrefflichen „Römischen Quartalschrift" hat *de Waal* (1888, Tafel VII—VIII) einen ravennatischen Buchdeckel aus Goldblech publiziert, der aus der Mitte des VIII. Jahrhunderts stammt.

[1]) De Waal, a. a O. S. 30.   [3]) Pérate, a. a. O. p. 253 f.
[2]) De Waal a. a O. S. 32.   [4]) Garucci, Tav. 450, 2.

Christus trägt, die Augen offen, ohne Nagel in den Händen, die Arme mehr zum Gebete ausgebreitet, „ein Colobium, das am Halse und an den Armen mit einem Saume eingefasst ist und auf der Brust zugleich ein grosses Kreuz hat."

Dieser verwandt sind die drei nächsten Abbildungen. *Grimouard de Saint Laurent*[1]) zeigt uns einen Evangeliendeckel, auf dem der Heiland bekleidet ist mit einer enganliegenden Tunica mit vorn und am Saume reich verbrämten Ärmeln. Sonne und Mond sind als Brustbilder vertreten. — Ein irischer Codex des VIII. Jahrhunderts, in der Klosterbibliothek von St. Gallen, enthält folgendes Bild: Christus, lebend, bartlos, mit ausgestreckten Armen, *ohne Nägel in Händen und Füssen*, trägt ein seltsam verschlungenes Purpurgewand ohne Ärmel (vgl. Taf IV, Fig. 6.). — Ein wahrscheinlich dem VIII. Jahrhundert zuzuschreibender geschnittener Carneol, ein orientalisches Siegel, giebt Christum nimbiert, die Arme horizontal gehalten, die Füsse *nebeneinander ruhend*. Die Kleidung Jesu, wie der mitdargestellten 12 Apostel, ist nicht erkenntlich. Unter dem Kreuze ist das Lamm abgebildet. — Der Dom zu Lucca bewahrt ein orientalisches Crucifix, aus schwarzem Cedernholz geschnitzt, auf dem der Herr, ohne Nimbus, mit offnen Augen, gespaltenem Bart, langen Haaren, horizontal ausgestreckten Armen abgebildet ist; die Füsse *ruhen nebeneinander*; die Tunica manicata hat halbweite Ärmel, ist mit einem vorn herabhängenden Gürtelbande zusammengefasst und reicht herab bis auf die Füsse. — In *Liverpool* befindet sich eine *Elfenbeintafel*,[4]) auf der Christus am Kreuze *an den Armen* hängt, diese also nicht horizontal ausspannt; das Lendentuch geht, reich gefaltet, bis an die Kniee; *Nimbus* wie *Suppedaneum fehlen*. Als Brustbilder sind Sonne und Mond vertreten; die beiden Soldaten mit Schwamm und Stab, Maria und Johannes — dieser mit Evangelienbuch — haben ihre alte Stelle.

Schon die letzterwähnte Darstellung wird als *Übergang in das IX. Jahrhundert* angesehen.[2]) Hier bieten uns die *Mosaiken* wieder altbekanntes Material. In S. Prassede zu Rom sehen wir, von Engeln umstanden, auf einem Thron (resp. Altar) das vom *Kreuze überragte Lamm*. — In der Mitte des neunten Jahrhunderts (zwischen 847 und 853) *gemalt* wurde das *Kreuzigungsbild in der Unterkirche von San Clemente* in Rom. Auch hier ist Christus lebend, mit Kreuznimbus; die Arme sind wieder horizontal ausgestreckt, *weder an Händen noch an Füssen sind die Nägel oder die Nagelwunden angedeutet*. Das Schamtuch ist kurz, ein Fussbrett fehlt. Maria und Johannes mit einfachem Nimbus stehen unter dem Kreuze. — *De Waal* beschreibt ferner[4]) ein *Brustkreuz aus Goldblech*, das in der Basilika des hl. Agapitus zu Palestrina in einem Grabe gefunden wurde, jetzt im christlichen Museum des Vaticans. „Die sehr rohe Arbeit, welche durch die Inschrift auf einen orientalischen Künstler hinweist, zeigt uns Christum lebendig, ohne Bart, mit langem Haar; er ist mit *vier Nägeln* angenagelt und bekleidet mit dem Colobium, das bis auf die Füsse hinabreicht." — Ebenfalls im vaticanischen christlichen Museum ist eine aus dem Kloster Rambona, in der Mark Ancona, stammende Elfenbeintafel etwa aus dem Jahre 885. Die Tafel (Diptychon) wurde im Auftrage des Abtes Odalricus angefertigt. Christus, mit offenen Augen, Kreuznimbus, bartlos, mit wagerecht gehaltenen Armen, trägt einen glattgefalteten Knieschurz, die Füsse sind *neben einander ohne Suppedaneum* angenagelt. Sol und Luna zeigen trauernden Gestus, ebenso Maria und Johannes, der auch hier das Buch hält.

Als ein Geschenk *Karls des Grossen* wird ein angeblich aus Holz vom wahren Kreuze geschnitztes Brustkreuz mit Crucifixus im Baptisterium zu Florenz bezeichnet, das ich im März 1893 gesehen habe (vgl. Taf. IV, Fig. 5). Die Arbeit ist allerdings, wie *de Waal* bemerkt, „sehr roh" und der Kopfputz, eine Art Mitra, geschmacklos. Christus ist ohne Haare, Bart und Nimbus, mit horizontal ausgespannten Armen dargestellt; die Füsse liegen nebeneinander, *von Nägeln und Nagelwunden keine Spur*. Bekleidet ist der Körper mit einem bis auf die Kniee herabfallenden Lendentuch. — Ohne nähere Beschreibung kennen wir ein altes Zeugnisse noch ein Crucifix von Gold, das Karl d. Gr. der Peterskirche zu Rom verehrte. Überhaupt ist die Zahl der angeblich von diesem Herrscher vielen Kirchen geschenkten Kruzifixe, besonders auch in rheinischen Ländern, keine geringe; aber in den weitaus meisten Fällen verraten diese Darstellungen jüngeres Alter und ausserdem orientalische Provenienz.

---

[1]) Manuel de l'art chrét p. 186.
[2]) Garucci, Tav. 459, 3. — [3]) De Waal, a. a. O. S. 34. — [4]) Ebenda, S. 35.

Eine im IX. Jahrhundert unter Erzbischof Angilbertus gefertigte Altarbekleidung in St. Ambrogio zu Mailand zeigt Christum mit Kreuznimbus, mit Knieschurz, die Fusse *nebeneinander angenagelt*. Die beiden Soldaten mit Maria und Johannes fehlen nicht.[1] — *De Waal* giebt uns Kunde[2]) von einem erst in neuester Zeit in Rom auf dem Coelius unter der Kirche des hl. Johannes und Paulus blossgelegten *Kreuzigungsbilde des IX. Jahrhunderts.* »Der Heiland, lebend, mit Kreuznimbus, bekleidet mit dem Colobium, welches bis auf die Füsse hinabreicht, hängt an vier Nageln an dem Kreuze, das so lang ist, dass die Fusse des Herrn unmittelbar auf den Holzpflöcken ruhen, durch welche das Kreuz in der Erde befestigt ist. Longinus, mit umgürtetem Schwerte, durchbohrt die Seite des Herrn, während der Mann links dem Heilande den Schwamm hinreicht. Auf der Seite des Longinus steht Maria, hinter ihr Magdalena, welche die heilige Mutter in ihrem Schmerze aufrecht halt; gegenuber Johannes mit dem Evangelienbuche.« — Im Museum zu Kopenhagen befindet sich ferner ein silbernes Brustkreuz mit Hohlraum zur Aufbewahrung von Reliquien, ungefähr aus dem 9.—10. Jahrhundert, vielleicht noch etwas früher oder in Anbetracht der nordischen Provenienz etwas späterzeitlich zu datieren, welches Christum mit einem langen ärmellosen Gewande darstellt. Die Fusse ruhen nebeneinander auf dem suppedaneum. Nagelspuren fehlen (Fig. 1 Tafel IV).

Noch ein Blick auf den Osten, hinter altehrwürdige Klostermauern. Schon früher machte *G. Müller*[3]) auf die Bedeutung der »Athoskloster« aufmerksam. Das »Handbuch der Malerei vom Berge Athos« enthält uralte Traditionen. Besonders für die Kunsttradition der Christusbilder ist diese Bedeutung nicht zu unterschätzen. Höchst wertvoll ist eine 1891 erschienene Arbeit des Dr. phil. und Privatdozenten für Kunstgeschichte an der Universität Leipzig, *Heinrich Brockhaus*, uber *Die Kunst in den Athosklöstern,*« eine Arbeit, die unmittelbarem sachverstandigem Anschauen und eminentem Studium ihr Entstehen verdankt und jedem Freunde der christlichen Kunst unbedingt zu empfehlen ist. Für die Kreuzigungsgeschichte ist in diesem Werke die Ausbeute allerdings gering. Einmal hat in Miniaturen der Heiland einen blossen Knieschurz; auf einem andern Bilde, Niello auf Gold, aus dem X. saec., ist das Lendentuch in der Mitte geheftet; ein drittes Bild stellt ihn dar mit langem, goldbesäumtem Purpurgewand, das nur an der Seite für das Blut der Brustwunde eine Offnung lässt.

Wohl mag unsere Kenntnis von einzelnen Darstellungen der Kreuzigung aus dieser langen Periode noch um manche Nummer vermehrt werden; es wurde aber doch nur eine »Nummer« bleiben, denn unser Wissen von der typischen Darstellungsweise wurde kaum bereichert und unser Urteil uber diese Zeit der Décadence nicht erschüttert werden können.   M.

Rückblick auf das erste Jahrtausend.

Im Allgemeinen stehen die Kreuzigungsbilder des ersten Jahrtausends unter dem Einfluss der orientalischen Tradition, die — man mag sagen, was man will — mit der occidentalischen Kunstanschauung nicht sehr übereinstimmt.

Was die *Kreuzesform* in diesen Darstellungen anbetrifft, so sehen wir trotz *Kraus* und Andern auch nicht auf dem *Spottkruzifixe* vom *Palatin* die — angeblich gewöhnliche — T-Form ausgeprägt vor uns; wir dürfen eben auch kaum annehmen, dass diese Form die immer herrschende gewesen sei und das christliche Kreuz keinen realen Hintergrund habe. Dies widerlegt uns ja mit absoluter Gewissheit schon Matthäus in seinem Berichte. Auch das Spottkruzifix charakterisiert sich nach der Ansicht *R. Forrers* als eine crux immissa, denn was *Kraus*[4]) mit Recht als »Pflock für eine kleine Platte bezeichnet, ist absolut nichts anderes als die vom Zeichner nach Fertigstellung des Bildes nachträglich über dem

[1] D'Agincourt, Storia dell'arte. Tav. XXVI, A.
[2] De Waal, a. a. O. S. 36.
[3] Müller, Die Tradition über das kirchl. Aussehen Christi. Beilage d. Augsb. Postzeitg. 1891, Nr. 40.
[4] F. X. Kraus, Der hl. Nagel in der Domkirche zu Trier. Trier, 1868, S. 37.

Kopfe des Gekreuzigten angefügte obere Verlängerung des Kreuzesstammes. — Die kommenden Jahrhunderte zeigen uns durchweg das Kreuz in seiner typisch gewordenen christlichen Gestaltung.

Der *älteste* Kruzifixus, jener von St. Sabina in Rom, zeigt den Gekreuzigten *ohne* Nimbus; so zeigt ihn auch die Siegerfigur von Achmim, die ihn als Überwinder des Heidentums darstellt. Dann sehen wir Christum mit *einfachem* und bald mit *Kreuz-*Nimbus geschmückt.

Zumeist streckt der Herr seine *Arme wagrecht* und *straff* am Kreuze aus; in S. Sabina aber und auf einer Ölampulle des Schatzes von Monza (V. saec.) sind die Arme *ausnahmsweise* nicht von den Schultern an ausgespannt, sondern liegen bis zum Ellbogen am Körper an. Die *Füsse* sind *niemals übereinandergeheftet*; meist stehen sie auf einem *suppedaneum*, und in den meisten Fällen sind sie *nicht angenagelt*. Insonderheit gilt dies von den älteren Bildern, während die jüngeren die Nägel — nie jedoch nur drei! — darzustellen pflegen.

Die Bekleidung Christi am Kreuze fehlt nirgends *ganz* und ist meist eine viel längere als in den kommenden Epochen. Selbst auf dem Portale von S. Sabina ist der Gekreuzigte nicht *völlig* nackt, sondern mit einem subligaculum, einem sehr schmalen Lendentuch, bekleidet; auch die Schächer erscheinen nie entblösst. *Die landläufige Gelehrtenansicht, die Delinquenten seien nackt am Kreuze gehangen, ist durch nichts erwiesen.* Apokryphische Schriften,[1] die immerhin für sich die Auctorität hohen Alters in Anspruch nehmen dürfen, lassen den Herrn mit einem roten Schurze bekleidet werden. Das *Spottkruzifix*, eine Karrikatur schlimmster Sorte, unterlässt nicht einmal, die bis an die Kniee reichende Tunica darzustellen, — hier allerdings so kurz, dass sie auf den ersten Blick unanständig wirkt. Nackt ist *in der ganzen Kunst* nur ein spätzeitlicher Kruzifixus, ehemals am schwarzen Burgthor in Regensburg.[2] — Der *Orient* stellt den Herrn durchweg *mit einem langen Gewande*, dem Kolobium, dar, das dem rabbinatischen Priestergewande nicht unähnlich war; es umhüllt eng den ganzen Körper, die Arme freilassend. Daneben sehen wir aber auch die *Ärmeltunika* ziemlich oft angewendet. Im *Occident* sehen wir bis zum VII. Jahrhundert den Erlöser nur mit *einem ganz schmalen Lendentuch* bekleidet. Aber auch hier findet die *orientalische* Sitte, Christum mit langem Gewande darzustellen, unter griechischem Einfluss in der Folge *Eingang*, ohne aber das spezifisch abendländische Lendentuch ganz zu *verdrängen*. Für dieses erscheint vielmehr *das bis an die Kniee reichende Kleid* — der Knieschurz — die Braca, die um den Leib gebunden und glatt gefaltet ist. Merkwürdig genug, dass dieses *abendländische Lendenkleid* nach dem X. Jahrhundert in der *byzantinischen* Kunst Herrschaft gewinnt und so die Wechselbeziehungen zwischen Orient und Occident zum Ausdrucke bringt.

Sicher also ist bei der römischen Kreuzigung — deren Vollzugsweise ja wohl sich verändert haben mag — ein Schamkleid oder doch ein Tuch in Benützung gekommen. Wenn die orientalische Kunst *mit einer auffallenden Zähigkeit* Christo eine *lange Tunica* giebt, so ist es, wenn wir das *unläugbare persönliche Wohlwollen* des in die Enge getriebenen *Pilatus*[3] gegen den Nazarener erwägen, an sich nicht ganz unwahrscheinlich, dass der Herr dieses Gewand behalten durfte. Die Erinnerung daran ging in diesem Falle von Jerusalem in die orientalische Kunsttradition über.

Sonne und Mond sehen wir schon frühe auf Kreuzigungsbildern dargestellt, bald als Scheiben, bald als Gestalten in Medaillons gefasst und mit entsprechenden Symbolen ausgestattet. Sie erinnern an die Finsternis am Tage von Golgotha, an die Mittrauer der Natur.

Auch *Maria und Johannes*, diese von der Bibel nominatim angeführten und seelisch am meisten berührten Zeugen des Todes Jesu, sind von der Kunst mit Vorliebe dargestellt. Johannes späterhin gerne mit dem Evangelienbuche als Evangelist και θεολόγος.　　　　　　　　　M.

---

[1] Acta Pilati. A. x.; Tischendorf, Evang. apoc. p. 246.
[2] De Waal, a. a. O. S. 29. — Otte, Handbuch der Kirchl. Kunstarchäol. I, 538.
[3] G. A. Müller, Pontius Pilatus. Stuttgart 1889. Metzler's Verlag.

Die Bedeutung des Fussbrettes (suppedaneum) am Kreuze.

Ein besonderes Wort gebührt der *Bedeutung des Fussbrettes am Kreuze*. *Schönermark*-Hannover hat ihr in der „Zeitschrift für christliche Kunst" (1890, No. 4, S. 121 f.) eine Würdigung zu Teil werden lassen, die alle Anerkennung für ihren Scharfsinn verdient. Die hier versuchte Deutung ist eine sehr schöne, so zwar, dass wir es fast beklagen, ihr widersprechen zu müssen. Aber wir werden bei allem Widerspruch ihr doch eine gewisse Geltung zu belassen genötigt sein.

Zunächst ist richtig, dass vom Auftauchen der Kreuzigungsbilder Christi bis zur gothischen Epoche Christus ein »Trittbrett« unter den Füssen hat. *Schönermark* reflektiert aber weiter: »Ausnahmen sind allerdings gerade bei den ältesten dieser Darstellungen zu konstatieren.« Nun — auf dem S. Figuren-tableau des bischöflichen Palliums von Achmim hat *K. Forrer* uns eine Kreuzigung gezeigt, die eine der »ältesten« Darstellungen sein dürfte, und wo das suppedaneum deutlich zu erkennen ist, ebenso wie auf dem Achmimer Goldbleche, das ins V.—VII. Jahrhundert fällt. *Schönermark* hat diese Bilder allerdings noch nicht gekannt; aber schliesslich hatte er das *Spottkruzifix vom Palatin* als einen Beleg gegen seine Ansicht. Das *Fussbrett* ist, meint er, niemals an einem wirklichen Strafkreuz vorhanden gewesen, also ein von den Verfertigern der Abbildungen eigenmächtig zugefügtes Stück. Eine solche Zuthat entsteht nicht willkürlich und zufällig, sie ist eine Frucht des Bedürfnisses, der sichtbare Ausdruck des Gedankens einer Zeit.« Wir geben in gewissem Sinne dies zu und das folgende: dass das Fussbrett eines der Mittel gewesen, um — wie das heitere Antlitz, die offenen Augen etc. — den *Ausdruck des Leidens* zu mildern. Allein Schönermark fühlt mit uns, wie wenig die Kreuzesqual durch ein Fussbrett »gemildert« erscheint, und er fragt folgerichtig: ist das auch wirklich sein Zweck von Anbeginn an gewesen, hat man es gewissermassen zu diesem Zwecke erfunden?

Wir erwidern, dass das suppedaneum uns überhaupt *nicht ganz erfunden* erscheint! Wir wissen ja recht wenig über die Hinrichtungsweise am Kreuze; allein so viel wissen wir mit aller Bestimmtheit, dass der Delinquent die Füsse nicht herunterhängen liess: sie waren irgendwie befestigt. Es ist eine allgemeine Überzeugung,[1]) dass der Verurteilte *auf einem quer in den Kreuzesstamm eingetriebenen Pflock* — dem *sedile — gesessen* hatte. Dadurch wurde das fürchterliche Zerreissen des Körpers in etwas aufgehalten, und so konnte es kommen, dass man noch am fünften Tag Gekreuzigte lebendig fand. So auch lebten auf Golgotha noch die *Schächer*, denen man die Beine zerschlug, um den Tod zu beschleunigen.

Ich würde nun in diesem Pflock den Urtypus des Fussbrettes zu sehen geneigt sein, das also die christliche Kunst in ästhetischer und mehr idealer Absicht gewissermassen nur nach unten verlegte, wenn nicht *K. Forrer* mich wiederum auf das *Spottkruzifix* hinweisen würde, wo gleichfalls das suppedaneum zu erkennen ist. — Man sage uns nicht, auf eine derartige Kritzelei dürfte nicht soviel ernstes Gewicht gelegt werden. Gerade bei einem solchen Graffito hat der Zeichner sicherlich *nur das Typische* angedeutet; hier sollte der Christengott mit der idealen Absicht gewissermassen nur nach unten verlegte, das *Fussbrett* ist nicht vergessen! Es wird im III. Jahrhundert, wo man gewohnt war, es vor sich zu sehen, als notwendige Beigabe zum Kreuze von einem Heiden erachtet!! — Ist dies nun auch erfunden? Wenn ja, zu welchem Zwecke? Etwa um den Ausdruck des Leidens herabzumildern? Dazu wurde die Carricatur nicht gezeichnet! Hier ist das Fussbrett nicht mehr idealer Ausdruck eines Gedankens, sondern ganz einfach ein reales, typisches Moment! Auch *Kraus* stimmt, wie wir aus seinem Buche über den heil. Nagel zu Trier (S. 43 f.) entnehmen, unserer Ansicht bei. Er führt mehrere Kirchenväter als Zeugen für das sedile an und giebt uns zu gleicher Zeit Belege für das suppedaneum. Er scheint uns das Richtige zu treffen, wenn er sagt: »Vermutlich herrschte in verschiedenen Gegenden und Zeiten in diesem Punkte ein verschiedener Gebrauch, indem man sich bald eines Sitzpflocks, bald der Fussbank bediente.«

Schönermark unterscheidet fernerhin zwischen Kreuzigungsbildern *historischer* und solchen *litur-gisch-dogmatischer* Auffassung. Die »historischen« Darstellungen — S. Sabina in Rom und das Elfenbein-täfelchen von Liverpool — zeigen kein Fussbrett, wie sie denn auch in der Kreuzigungsweise die

---

[1]) De Waal, a. a. O. S. 19. — Bunsen, Bibelwerk: Leben Jesu, Artikel Kreuzigung. — Stockbauer, Kunst-geschichte des Kreuzes.

Schächer Christo adäquat abbilden. Die »liturgischen« Bilder, als die späteren, geben dem Heiland allerlei Auszeichnungen: Gewand, Sonne und Mond, trauernde Frauen u. s. w., vor allem aber — das *Fussbrett*. Anschliessend an das Brustkreuz der Königin Theodolinde (ca. 600) sagt nun Schönermark: »Christus ist nicht nur bekleidet, sondern steht mit ausgebreitet angenagelten Armen an dem Kreuze auf einem Fussbrett, welches sich in Nichts von den Fussbänken unterscheidet, *auf denen man in der damaligen und besonders in der byzantinischen Kunst die an Rang und Würde hervorragenden Personen stehen sicht*. Und, wie wir meinen, ist denn auch die Fussbank, auf welcher der Heiland hier mit keineswegs leidendem Gesichtsausdruck und in ungebrochener Haltung steht, nur das Ausdrucksmittel für seine *Würde und sein Ansehen. Das bedeutet sie nicht allein hier*, sondern an allen Kruzifixen, wo sie sich um *diese und die nächste Zeit* vorfindet.«

Wir haben keinen Anlass, diese geistreiche Deutung *in dieser Beschränkung* zu bestreiten. Allein wir betonen, den Charakter als *Auszeichnung* kann das Fussbrett erst in der ausgesprochen späteren byzantinischen Kunstepoche gewonnen haben. Das *Spottkruzifix* beweist ein für allemal den *real-historischen* Untergrund des suppedaneum und lässt sich durch keine Vermutungen oder etwaige Väterstellen seinen Anspruch rauben, ein monumentaler Beweis für den *historischen* Charakter des Fussbrettes zu sein!

M.

Zum Eingang in die romanische Epoche.

Die romanische Kunstperiode schliesst sich in der Darstellung des Kruzifixus an die vorangegangene Epoche eng an, zeigt aber trotzdem hervorstechende Unterschiede. Früher, bis ungefähr zu Ende des ersten Jahrtausends, sahen wir, dass die orientalische Form die herrschende war und besonders in der langen Tunica ihren Einfluss dokumentierte, und dass gegenüber dieser orientalischen Auffassung die abendländische Annahme eines kurzen Lendentuches selbst im Occident nicht hatte aufkommen können. Jetzt aber ändert sich dieses Verhältnis: Man sieht sowohl im Morgenlande — bezw. in der dortigen spätbyzantinischen Kunstepoche — als auch im Abendlande, zu Beginn des zweiten Jahrtausends, wie sich der mit langem Gewand bekleidete Kruzifixus verliert, und wie an seiner Stelle die abendländische Darstellung des Christus mit Lendentuch herrschend wird. Was ist die Ursache dieser Änderung? Sind es Schriftstellen alter Autoren, welche dazu Anlass gaben, sich zu dieser Form zu bekennen, oder hat dies seinen Grund in dem Erstarken der abendländischen Kunst überhaupt? Wahrscheinlich ist es der Einfluss jener Legenden, die in rührender Weise Maria dem gekreuzigt werdenden Sohne das Schleiertuch reichen lassen, damit er sich damit bedecke.

Wenn man die Kruzifixe der romanischen Epoche oft als »byzantinische« bezeichnet, so ist dies eine allerdings vielfach und besonders in Frankreich Mode gewordene, aber unberechtigte, Kunstbezeichnung. Sie mag ja für jene Kruzifixe Anwendung finden, bei denen auch noch zur romanischen Zeit die Anlehnung an die frühere Kunstweise gewissermassen als Reminiscenz zu beobachten ist. So kommt z. B. der mit der ganzen Tunica bekleidete Christus noch auf einzelnen Kreuzen in Email champlevé der Werkstätten von Limoges im XI. und XII. Jahrhundert vor. Als Beispiel reproduzieren wir das Kruzifix Fig. 11 Tafel IV des bayerischen Nationalmuseums, ein kupferner und emaillierter Kruzifixus des XI. Jahrhunderts mit langer, faltiger, farbig gestreifter Ärmeltunica. Hier haben jedenfalls orientalische (oder früh-abendländische) Kreuzigungs-Darstellungen als Vorbild gedient. Ähnliche archaische Arbeiten kommen auch noch späterhin in verschiedenen Ländern vereinzelt vor; sie bilden gewissermassen die Ausläufer, die Spätlinge der wirklich byzantinischen Auffassung, und in diesem Sinne, d. h. in der Anwendung auf romanische Kreuzigungsdarstellungen mit ganzer Tunica, wäre die oben gerügte Ausdrucksweise von einem »byzantinischen Kruzifixus« auch für jene der hier behandelten Epochen angebracht. Ein besonders merkwürdiges Beispiel eines »Spätlings« ebenberührter Art bildet unser Reliefmedaillon Fig. 6 Tafel V von einem thönernen »Bartkrügel« des XVII. Jahrhunderts. Es zeigt in überaus primitiver Ausführung Christus am Kreuz, mit *senkrecht stehendem Kopfe, wagrecht ausgestreckten Armen und nebeneinandergestellten Beinen*; daneben Sonne und Mond, sowie die Jahrzahl — 1683! Allem Anschein nach ist dies das Produkt eines bäuerlichen Töpfers der Rheinlande, welcher sich irgend einen zufällig in seiner Nähe befindlichen romanischen Crucifixus als Vorbild genommen.

Sehen wir von untergeordneteren Varianten ab, so bietet — im Gegensatz zu den vielfach verschiedenartigen Kreuzigungsdarstellungen des ersten Jahrtausends — die romanische Epoche dem aufmerksamen Beobachter *ein durchaus einheitliches Bild, einen für diese Periode feststehenden charakteristischen Typus*, der sich ebenso von seinen Vorfahren, wie von seinen Nachfolgern scharf unterscheidet. — Der veränderte Gesamteindruck mag zum nicht geringen Teil gerade durch den in seinen Linien strengeren romanischen Styl so rasch dem Auge sich aufdrängen, aber nicht unbedeutend ist auch die Zahl der für den romanischen Crucifixus specifisch charakteristischen äusseren Merkmale. Zwar ist auch hier »keine Regel ohne Ausnahmen,« aber im Allgemeinen sind die romanischen Crucifixe so gleichartig aufgebaut, dass wir hier ohne Zögern jeden einzelnen Bestandteil von Kreuz und Christusfigur als feststehende Typen behandeln können.   R. F.

Das Kreuz

dieser Epoche schliesst sich unmittelbar an das der karolingisch-byzantinischen Zeit an. Der Stamm ist glatt, ein viereckig zugehauener Balken, ebenso der Querarm. Das *Täfelchen*, der titulus, wird jetzt eine stereotype Beigabe; es ist als eine viereckige Inschrifttafel gedacht und trägt gewöhnlich die Initialen I H S · X P S (vgl. Taf. VI und Taf. VII). Das *Fussbrett* ist gleichfalls eine stete Zuthat. Es erscheint manchmal reich verziert durch Imitation von Steineinlagen und anderer Ornamentik (vgl. Fig. 4 Taf. V und Taf. VI). — Das Kreuz erhebt sich auf dem Berge Golgotha; zur Andeutung der Schädelstätte ist der *Totenkopf* bildlich beigegeben (vgl. Fig. 6, Taf. V, und Fig. 6 und 9, Taf. VIII). Der Letztere soll auch das der Legende nach unter dem Golgothahügel befindliche *Grab Adams* symbolisieren, durch welchen »die Sünde in die Welt gekommen ist,« und von welcher uns Christus erlöst hat. So erscheint denn auf dem Evangeliendeckel der Tafel VII unterhalb des Fussbrettes die in die Platte eingravierte Gestalt des bärtigen, nackten Adam, der bittend die Hände zum Erlöser emporstreckt.

Auf derselben Buchplatte, einer farbenreichen Limousiner Emailarbeit des XIII. Jahrhundert, sieht man über dem Titulus die segnende Hand des versöhnten Gott-Vaters aus den Wolken herunterragen, um so die Vollendung des Erlösungswerkes anzudeuten (vgl. a. Taf. VI und Fig. 5 Taf. VIII). — Neben dem Kreuze leuchten *Sonne und Mond*, indessen unten *Maria und Johannes* den Gekreuzigten beweinen. Diese beiden letztern Gestalten fehlen in den romanischen Darstellungen fast nie, dagegen sieht man an Stelle von Sonne und Mond auch wohl zwei Engel über dem Kreuze sitzen, oder auf dieses herniederschweben. Besonders schön sind die Letzteren auf dem Email-Buchdeckel des XII. Jahrhundert unserer Taf. VI. dargestellt. Sie tragen prächtig stilisierte Flügel, reich verziertes Gewand und in den Händen ein Evangeliar. Insbesondere im XII. und XIII. Jahrhundert sieht man dies Engelpaar häufig die Kreuzigungsszene schmücken (vgl. ferner Fig. 1, 2, 5 und 6 Taf. VIII). Dagegen sieht man in der romanischen Kunst seltener als früher die beiden Krieger mit Schwamm und Lanze, sowie die beiden Schächer, auf die Szene treten.

                                             R. F.

Die Gestalt Christi

hat nicht wenige Veränderungen gegen früher aufzuweisen. Wir sahen den Heiland in den ersten christlichen Jahrhunderten als *Jüngling* dargestellt; im VI. Jahrhundert erscheint er als Mann in den besten Jahren, indes er im VIII. und IX. Saeculum als älterer Mann gedacht ist. Nunmehr, in *romanischer* Zeit, zeigt der Gekreuzigte einen mehr *greisenhaften* Ausdruck und Charakter. Dies äussert sich einerseits darin, dass die Rippen als Zeichen der fortgeschrittenen Abmagerung des Körpers in den Darstellungen deutlicher hervorgehoben werden. Es kommt dies besonders auf den Tafeln VI und VII zum Ausdruck, bis ins Extrem verschärft in den beiden Kruzifixen Fig. 3 und 5 Taf. V, wo bei Fig. 3 die Rippen ungewöhnlich stark, bei Fig. 5 der Körper übermässig schmal angedeutet wird. Ein scharfer Beobachter wird finden, dass diese Kennzeichen je stärker und je öfter hervortreten, je mehr die Darstellung sich zeitlich der Gothik nähert.[1]) Der Christuskopf zeigt die Augen bald offen, bald geschlossen (Fig. 2 und 3 Taf. V), der Bart ist ein kurzer Vollbart mit Lippenbart; die Haare sind lang und fallen in steifen Büscheln auf Hals und Schulter (vgl. bes. Fig. 1, 2 und 5 Taf. V). — Die Arme streckt Christus in den ältern romanischen Darstellungen wagrecht aus, bei dem frühen Kruzifixus Fig. 1 Taf. V gehen sogar die Arme gegen die Hände zu noch etwas abwärts. Dagegen ist, je mehr wir uns dem XIII. Jahrhundert nähern, die Stellung der Arme eine dem letztgenannten Beispiele entgegengesetzte, indem sich die Hände immer mehr nach oben stellen oder — besser gesagt — der Körper etwas tiefer sinkt und die Arme dadurch eine leicht geschwungene Stellung nach oben einnehmen (vgl. Taf. VI. und Fig. 1, 2, 9 Taf. VIII sowie die nach einer Pergamentminiatur des XIII. Jahrhunderts reproduzierte Schlussvignette pag. 33).

Christus erscheint an Händen und Füssen, mit 4 Nägeln, *angenagelt*; die Annagelung ist in dieser Periode die Regel, doch giebt es auch hier Ausnahmen. Eine solche bietet das mittelalterliche Kirchensiegel von Köln Fig. 4 Tafel VIII, welches den Erlöser mit angebundenen Füssen reproduziert. Das Fussbrett fehlt hier, ebenso wie es als Ausnahmen bei Fig. 5 und 9 Taf. VIII vermisst wird. An seiner Stelle sehen wir aber in den letzteren Fällen die Füsse der Christusgestalt bei Fig. 5 auf einer Drachenfigur, bei Fig. 9 auf einem Schädel ihre Stütze finden. Je mehr übrigens sich die Darstellung der Gothik nähert, je öfter sieht man das Fussbrett an Grösse verlieren (vgl. Fig. 5 Taf. V) oder ganz wegfallen (Fig. 3 Taf. V und Fig. 2 Taf. VIII).

Die *Krone* sehen wir bereits in Form einer Art Mitra auf dem karolingischen Kruzifixe Fig. 5, Tafel IV des Battisterio zu Florenz. In romanischer Zeit wird sie *allgemeiner*, wenngleich auch in dieser Epoche der Gekreuzigte noch hie und da ohne Krone zur Darstellung gebracht wird, wie dies der frühromanische Kruzifixus Fig. 1 Tafel V meiner Sammlung, sowie Fig. 2 und 3 Taf. V und Taf. VIII zeigen. Gewöhnlich ist die Krone der Königskrone der damaligen Zeit nachgebildet und zeigt sich reich graviert oder mit Steinen besetzt, die in den Emailarbeiten dieser Zeit durch Glaspasten imitiert sind. — Hinter dem Haupte ist der *Nimbus* angebracht, durchweg als *Kreuznimbus* gebildet, oft farbenreich und durch Steineinlagen ausgeschmückt. Im Gegensatz zu manchen spätzeitlichen Kruzifixen zeigen die romanischen, soweit die Christusgestalt plastisch auf dem Kreuze angebracht ist, den Nimbus nicht am Kopfe des Gekreuzigten, sondern am Kreuze selbst dargestellt. Dies erklärt das Fehlen des Nimbus an den Fig. 1—3 und 5 Taf. V.

R. F.

Das Lendentuch

tritt in der romanischen Kunst ziemlich allgemein an Stelle der Tunica. Der Legende nach ist es das Schleiertuch der Jungfrau Maria. Auf Kreuzigungsbildern ist es bereits für das VI. Jahrhundert bezeugt (Elfenbeintafel des Britischen Museums), und in demselben Form hat es sich nun auch weiterhin fort-erhalten. Es kann keinem Zweifel unterliegen, dass, ebenso wie die Tunica, auch das Lendentuch auf historischer Grundlage beruht, insofern als es einem antiken Kleidungsstücke der damaligen Zeit entsprach. Man kann hierbei vielleicht an ein gewöhnliches Unterkleid denken, aber auch der Gedanke, wie er in der *Legende* zum Ausdruck kommt, erscheint keineswegs unwahrscheinlich. Dieses »Schleiertuch Mariæ« entspräche dem Pallium der Frauen, wie diese es bald als Kopftuch, bald als Schultertuch, gewissermassen als Shawl, über die Tunica umgeworfen, zu tragen pflegten. Dies Tuch hat sich in den *Gräbern von Achmim* mehrfach im Originale vorgefunden und ist in meiner Sammlung durch ver-

---

[1]) Aus demselben Grunde und überhaupt in Anbetracht der rohen Arbeit muss ich das Kruzifix Fig. 3 Taf. V, das Essenwein in seinem Kulturhistor. Bilderatlas dem XI. Jahrh. zuweist, ins Ende des XIII. Jahrh. datieren.

schiedene Arten vertreten. Deutlich unterscheiden wir unter diesen Frauenpallien solche, die für den Sommer, wieder andere, die für den Winter bestimmt waren. Das Sommerpallium bestand bald aus sehr feinem Leinen, bald aus einem mehr schleierartigen Gewebe. Das Winterpallium dagegen war aus schwerem Leinen gebildet und durch Einschuss von Wollfaden noch dichter gemacht. Viele dieser Schleiertücher von Achmim sind gemustert[1]) oder mit Inschriften[2]) geziert. Die Legende findet nun insofern durch diese Funde von Achmim eine Bestätigung ihrer Möglichkeit, als diese Tücher in der That *gerade jene Grösse* besitzen, welche das Lendentuch aller Berechnung nach haben musste.

In gleicher Weise, wie für das Lendentuch, bieten die Achmim-Funde auch für die *Tunica Christi* Originale, welche beweisen, dass die Form dieser Christusgewänder auf historischer Grundlage beruht und genau der damaligen Kleidungsweise entspricht. Die Frage allerdings: Tunica oder Lendentuch? bleibt nach wie vor offen. Bewiesen ist nur, *dass Tunica und Schleiertuch den geschichtlichen Thatsachen durchaus nicht widersprechen!*

In den Darstellungen der romanischen Zeit entspricht das Lendentuch in seiner Grösse ebenfalls noch den erwähnten, uns überlieferten antiken »Schleiertüchern.« Es reicht bis auf die Knie, ist bald glatt gedacht, bald gemustert, oft reich verziert durch Farbenstreifen oder Borten (vgl. Fig. 1, Taf. V und Taf. VII). Die Befestigung ist bald so bewirkt, dass die Zipfel zusammengebunden sind, bald hält ein Strick, der vorn gebunden ist, das Tuch zusammen. In vielen Fällen hat auch der Künstler nicht weiter nachgedacht und zeigt das Bild keine die Knüpfung definierenden Détails. Charakteristisch für die rein romanischen Kruzifixe sind die steifen, geradlinig nach unten gehenden Falten des Lendentuches und das Fehlen der in den spätern Jahrhunderten so beliebten im Winde flatternden Tuchenden.

R. F.

Die Übergangsformen von der romanischen zur gothischen Kunstepoche.

Bevor wir in die eigentliche gothische Epoche eintreten, müssen wir nochmals in die romanische Zeit zurückgreifen. Es ist nämlich ein Charakteristikum der gothischen Kreuzigungsdarstellungen, dass hier Christus die beiden Füsse *übereinandergelegt* und nur mit *einem* Nagel durchbohrt zeigt. Diese Auffassung sieht man *vereinzelt* schon auf *romanischen* Kruzifixen zum Ausdruck gebracht. Eine der ältesten, wenn nicht die älteste, dieser Darstellungen hat *Schnütgen* in der „Zeitschrift für christliche Kunst 1890 No. 4" publiziert. Es ist dies die Pergamentminiatur aus einem Manuskripte des XII. Jahrhunderts (Zeit Heinrichs des Löwen, ca. 1180), welche wir hier in Fig. 1 Taf. VIII reproducieren. Vor der Kenntnis dieser Darstellung wurde allgemein ein von C. W. Hase in Soest entdeckter Kruzifixus aus der Zeit von ca. 1225 (jetzt im Berliner Museum) für die älteste Darstellung mit 3 Nageln und Fussbrett gehalten. Wenig junger ist eine in dem Kodex No. 309 der Bibliothek zu *Donaueschingen* befindliche Pergamentmalerei, welche gleichfalls den Gekreuzigten mit übereinandergelegten Füssen darstellt und die Durchbohrung desselben mit einem Nagel zeigt. Dies Manuskript, ein Breviarium, datiert nach Kraus aus dem Ende des XIII. Jahrhunderts. Die fragliche Miniatur *zeigt aber bereits kein Fussbrett mehr* und gewährt in diesem Sinne *eines der ersten Kreuzigungsbilder in rein gothischer Auffassung* (vgl. Fig. 2 Taf. VIII). Hier also liegen die Dokumente, welche konstatieren helfen, *in welcher Zeit der Übergang von der romanischen zur gothischen Auffassung* sich vollzog. Beide eben erwähnte Darstellungen sind deutsche, wahrscheinlich rheinische Arbeit. Aber auch *Italien* bietet schon in demselben Saeculum einzelne Beispiele gekreuzigter Christusgestalten, bei welchen die Füsse *übereinandergelegt* und durch *einen* Nagel verbunden sind. Es ist als besonders interessantes Beispiel eine Bildhauerarbeit des *Nikola Pisano*, geboren 1204, gestorben um 1280, anzuführen. Wir reproducieren dieselbe in Fig. 6. Taf. VIII und machen insbesondere noch auf eine hier sich bietende Neuerscheinung aufmerksam, insofern als das *Kreuz* gegenüber den bisher behandelten Formen eine wesentlich verschiedene Darstellung zeigt. Zunächst

---

[1] Forrer, Die Gräber- und Textilfunde von Achmim-Panopolis. Tafel XII. 1 u. 10.
[2] Ebenda, Tafel X, 8.

dokumentiert sich diese Veränderung darin, dass die Querbalken des Kreuzes *schräg nach oben* gerichtet erscheinen, parallel den ausgestreckten Armen Christi. Diese (sogen. jansenistische) *Haltung der Arme* resp. Querbalken beobachten wir u. a. auch an einem Kruzifixe des Sohnes von Nic. Pisano, des Bildhauers Giovanni Pisano, der die Portale des Domes von *Orvieto* schmückte[1]); ferner am Portale des Münsters zu *Freiburg i. B.*; sie erhielt sich vereinzelt bis in die Neuzeit fort und trat besonders häufig wieder in Kruzifixen des vorigen Jahrhunderts auf, als die französisch-holländischen Jansenisten in dieser Haltung der Arme einen bildlichen Ausdruck für ihre dogmatische Überzeugung erblickten. Ausserdem aber ist in den Darstellungen von Freiburg i. B. und der beiden Pisano bemerkens- und sehr beachtenswert, dass das Kreuz hier nicht, wie bisher, aus viereckig zurechtgehauenen Balken besteht, sondern *in Form eines unbehauenen Baumstammes gedacht ist. Diese Auffassung hat die Gothik mit Vorliebe acceptiert, und gerade auch in Deutschland sieht man im XIV. und XV. Jahrhundert das Kreuz häufig als unbehauenen Baumstamm vorgeführt.* Alle diese oben genannten Bilder sind aber in der romanischen Epoche noch Ausnahmen, gewissermassen *Frühgeburten*, die als **Vorläufer** der gothischen Kunstauffassung gelten müssen. Sie sind die Überreste jener Bewegung, welche die Anregung zur gothischen Form gab. Ob diese Anregung aber, zum Teil vielleicht aus visionären Schriften schöpfend, aus Italien stammt oder in Deutschland entstanden ist, wird schwer zu sagen sein; wenn man aber nach den vorhandenen und oben zitierten Dokumenten schliessen darf, so muss *Deutschland*, dessen Einfluss auf die italienische Kunst in diesen Jahrhunderten nicht zu laugnen ist, als die Mutter der neuen Auffassung gelten.

R. F.

Die Darstellung der Kreuzigung in der gothischen Kunst.

Die oben erwähnte und in Fig. 2 Tafel VIII abgebildete Pergamentminiatur vom Ende des dreizehnten Jahrhunderts zeigt die Kreuzigung Christi bereits in jener Form, in welcher sie im XIV. und XV. Jahrhundert allgemein üblich und für die gothische Kunst charakteristisch wurde. Als Hauptmerkmal muss vor allem das *Fehlen des Fussbrettes* gelten. In der Miniatur Fig. 1 Tafel VIII haben wir dasselbe noch beobachten können; in jener von Fig. 2 Tafel VIII, circa 100 Jahre später, fehlt es bereits. In der ersteren Miniatur trägt Christus bereits übereinandergelegte Füsse, und *wahrscheinlich gründet sich das Wegfallen des Fussbrettes gerade darauf, dass man zu Ausgang der romanischen Zeit begann, erst die Füsse sehr nahe aneinander zu stellen und dann — sie übereinander zu legen. Die neue Stellung benahm dem Fussbrett seinen ursprünglichen Zweck und machte es allmählig überflüssig.* Die neue Stellung liess ferner einen der zwei Fussnägel *entbehren* und die Füsse erscheinen von nun an nur noch mit *einem* Nagel durchbohrt. *Von nun an kennt man nur noch drei Nägel am Kreuze des Erlösers.*

Das Kreuz ist fast immer von $+$, seltener nur von $\top$-Form. Häufig wird es als unbehauener Baumstamm gedacht, dessen Flächen durch die Aststrunke belebt sind vgl. Fig. 6. Taf. IX und Taf. XII.

Ausnahmsweise begegnet man auch noch dem *Fussbrette*, jedoch in einer neuen, der neuen Fussstellung angepassten Form, indem es als ein schräg heraustretender dreieckiger Pflock gedacht ist, auf welchen sich die Fussfläche stützt, und in welchen auch der Nagel eingeschlagen ist (vgl. Fig. 5 Taf. IX und Taf. XII). In dieser Gestalt verfolgen wir das Suppedaneum als periodisches Kreuzesattribut bis in die Neuzeit, denn auch das XVI., XVII., XVIII. und selbst XIX. Jahrhundert haben es nie ganz vergessen. Ja selbst die nicht gekreuzten, sondern *nebeneinander gestellten Füsse* kommen auch in den folgenden Jahrhunderten vereinzelt noch vor. Wir reproducieren auf Tafel XII eines der vorzüglichsten Beispiele dieser Art, eine Handzeichnung von Hans Baldung Grün vom Jahre 1533. Der Meister bewegt sich, wie man sieht, noch vollkommen in den Traditionen der Gothik, lässt aber zur Minderung des

[1]) vgl. Stockbauer, Kunstgesch. des Kreuzes. 1870. pag. 202.

Leidensausdruckes des Heilands Füsse auf einen kleinen Pflock stutzen und durchbohrt jeden einzelnen Fuss mit einem langen Nagel.[1])

Über dem Kreuze lesen wir in gothischen Minuskeln die Inschrift I. N. R. J., wobei der Titulus bald als ein viereckiges angenageltes oder aufgestecktes Brett, bald aber als ein im *Winde flatterndes Pergamentblatt* gedacht ist (vgl. Fig. 7, Taf. VIII und Fig. 4, 5, 6, Taf. IX sowie Taf. X).

Sonne und Mond umgeben auch hier gelegentlich das Kreuz (vgl. Fig. 7, Taf. VIII, Fig. 1, Taf. IX und Taf. X). Fast stets stehen *Maria und Johannes* unter demselben, wie denn nunmehr überhaupt oft *reiche Figurenscenen* das Bild beleben. Die beiden Schächer hängen angebunden in jammerlicher Stellung meist an T-Kreuzen; dem guten Schächer entflieht die gerettete Seele in Form einer Engelsgestalt, den andern sucht der Satan zu erfassen (vgl. Fig. 3 Taf. VIII). — *Golgotha* ist ein felsiger Hügel. Auf ihm ist das Kreuz unten mit *Pflöcken* befestigt, und *Schädel* sowie andere *Knochen* belehren uns, dass wir vor Jerusalems »Schädelstätte« stehen. Hinter Golgotha breitet sich zuweilen eine Landschaft aus, der nicht selten, der realistischen Auffassung und Ausführung damaliger Zeit entsprechend und dem Zuge der Zeit folgend, welcher Maria in deutscher Tracht, die Römer in gothischer Rüstung vorführte, eine deutsche oder holländische Gegend »Modell gestanden« hat. — Der *Nimbus* erscheint bald als runde Scheibe, bald als Kreuznimbus oder Strahlenkranz. Die gothische Epoche löst ihn vom Kreuze los und lässt ihn frei über dem Haupte des Gekreuzigten schweben (vgl. Fig. 5, Taf. IX) — eine Form, die insbesonders in den folgenden Jahrhunderten Anklang fand. — Das *Lendentuch* ist nicht mehr wie früher straff und glatt herunterhängend, sondern, dem nunmehr waltenden Style entsprechend, *faltenreich geknittert* ausgebildet. Es verliert seine Grösse (wie z. B. noch Fig. 2 Taf. IX sie aufweist) und wird ein schmaler Tuchstreifen. Gegen Ende der gotischen Epoche erscheinen am Lendentuch die beiden Enden links und rechts *faltig im Winde flatternd*.

Die neue Stellung des Gekreuzigten gibt demselben in verstärktem Masse ein *leidendes* Aussehen: Das Fehlen des Suppedaneum benimmt dem Körper jeden sichern Halt, es hängt daher das Gewicht des ganzen Leibes lediglich noch an den Armen; folgerichtig sehen wir die *Arme tiefer nach unten reichen, der Körper sich krümmen und herabsinken, die Kniee sich beugen.* Zur Erhöhung des leidenden Ausdrucks zeigt sich *das Haupt seitlich auf die Brust gesenkt.* Die zur romanischen Zeit straff herunterfallenden Haare machen in der gothischen Epoche wallenden Locken Platz, die ungeordnet über das Antlitz des Schmerzensmannes herunterfallen. Der Leib erscheint noch stärker abgemagert, die Rippen treten scharf hervor, die Seitenwunde ist klaffend geöffnet, und an Stelle der Königskrone ist die zu diesem Bilde besser passende *Dornenkrone* getreten (XIV. u. XV. Jahrh.). Von den durch Letztere verursachten Wunden fliessen Blutstropfen über Gesicht und Körper. Engel fangen sie in Kelchen auf. Trefflich illustriert wird das Gesagte durch die voranstehend reproduzierte französische Pergamentminiatur des XIV. Jahrhunderts, *in welcher die Tendenz, das übermässige Leiden des Gekreuzigten zu kennzeichnen, bereits in übertrieben realistischer Form zur Darstellung gebracht ist.*

Dazu treten nun noch in dieser Epoche als Attribute die Marterwerkzeuge in Form von Hammer, Peitsche etc., die man zur Erhöhung des Effectes gelegentlich beigefügt (vgl. Taf. XI).[2]) *Nichts wird vergessen, um der Gestalt des Gekreuzigten den Ausdruck des höchsten Leidens aufzuprägen.* Deutlich kann man verfolgen, wie von der romanischen Epoche abwärts die Gestalt des Gekreuzigten immer mehr und mehr diejenige des unendlich leidenden »Schmerzensmannes« annimmt. Schon das Ende der romanischen Kunst ist sichtlich bestrebt, in den bisher ruhig und majestatisch dargestellten Christus einen Ausdruck des Schmerzes zu legen. Die gothische Kunst hat den gelegten Samen gierig erfasst und so energisch, fast möchte ich sagen raffiniert weiter gepflegt, dass im XIV. Jahrhundert die Gestalt des Gekreuzigten bereits einen »gebrochenen Mann« darstellt (vergl. insbesondere Fig. 1—3, Tafel IX und Tafel X). Das XV. Säculum, insbesondere in den für das Volk bestimmten und durch Holzschnitt ver-

---

[1]) Ebenso Rubens in seinem bekannten Kreuzigungsgemälde.

[2]) Dahin gehören auch die bäuerlichen, besonders dem badischen Lande eigenen Wegkrucifixe, bei denen bald mit, bald ohne die Marterwerkzeuge zur Symbolisierung des gekreuzigten Leidensmannes lediglich die durchbohrten Hände und Füsse, statt des Körpers aber nur ein Herz oder dergl., am Kreuze hängen.

vielfältigten Bet-, Ablass- und Gnadenbildern, hat jene Tendenz bis ins Extrem weiterverfolgt und im Verein mit der Kunst des XVI. Jahrhunderts so kräftig gearbeitet, dass selbst die Kreuzigungsbilder des XVII., XVIII. und sogar XIX. Jahrhunderts im Kern noch das gothische Urbild verraten. Ohne Ausnahme hat seither die Kunst das Problem stets lediglich nur in der Auffassung gelöst, den Gekreuzigten als den *Leidensmann* zu zeigen — statt sich von der allerdings Jahrhunderte lang geübten, zur Tradition gewordenen und daher eingefleischten gothischen Form zu emanzipieren und an ihre Stelle eine erhabenere, der romanischen Auffassung näher liegende Gedankengrundlage zu setzen: Christus ›hängt‹ nicht am Kreuz, *er thront am Kreuz*, nicht den gebrochenen Leichnam soll uns die Kunst zeigen, *sondern den für uns muthig in den Tod gegangenen Lebenden — mit offenen Augen und ungebrochen an Seele und Leib!* Diese Aufgabe ist vielleicht schwerer, aber ihre Lösung ist erhabener!

R. F.

Druck der Akt.-Ges. Kreuznach, Bühl i/B.

T  X P

1.   2.   3.   4.   5.   6.   7.

  10.

8.

11.   12.

13.  14.  15.

FAVSTINIANVM

17.  16.

17 ª.

18.

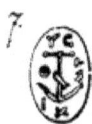

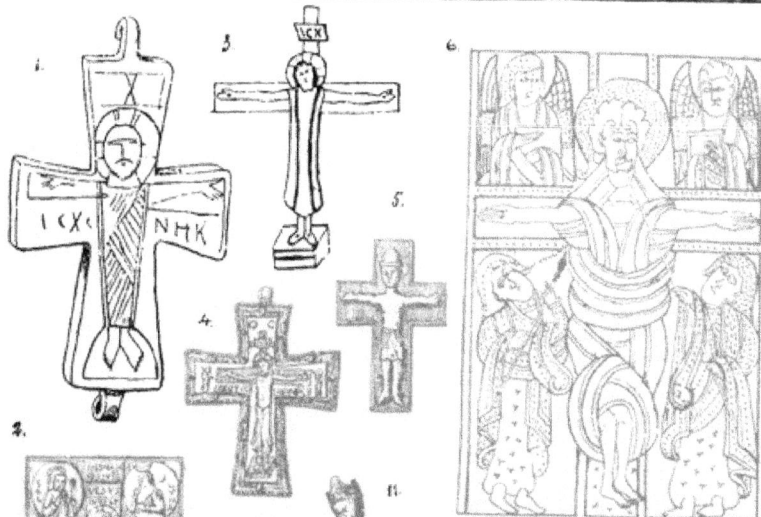

V.

1.

2.

3.

4.

7.

6.

5.

8.

9.

XII

www.ingramcontent.com/pod-product-compliance
Lightning Source LLC
Chambersburg PA
CBHW021541270326
41930CB00008B/1326